Giovanni Cavestri

Weltmeister-Soßen
Die Krönung der feinen Küche

ISBN 3 8068 0357 9

© 1974 by Falken-Verlag Erich Sicker KG, 6272 Niedernhausen/Ts.
Illustrationen: Barbara Bodenfels
Gesamtherstellung: Neuwieder Verlagsgesellschaft mbH, Neuwied

817 2635 44

„Die Soße, Madame, macht die Melodie von die Fleisch."

Giovanni Cavestri, Saucier Grand Mâitre International,
widmet dieses Soßen-Buch allen Kochkünstlern,
die gern unternehmungslustig und abwechslungsreich kochen.

Vorwort

Dieser Mann ist hochkarätig. Und wenn Sie am Ende dieses Buches sogar meinen, dieser Mann ist einmalig — pardon — wir werden nicht widersprechen. Denn Sie haben recht.

Wer hat schon einen Großvater in der Ahnengalerie, der 1513 bei Charles Albert, dem König von Sardinien, Leib- und Magenkoch war. Wer hat schon eine Familie, die als ›Nomade Culinaire‹ mit Napoleon I. von Land zu Land, von Schlacht zu Schlacht — ja bis in die Verbannung nach Elba — zog. Napoleon wollte einfach nichts anderes essen, als das, was von der Familie Cavestri gekocht wurde.

Unser Mann heißt Giovanni. Giovanni Cavestri. Er ist Korse. Und er übertreibt mit keiner Prise, wenn er schmunzelnd sinniert, daß seine Familie eben schon seit über 400 Jahren die Großen dieser Welt bekocht. C'est ça!

Er kann es belegen. Auf Pergament. Mit alten wundervollen Rezepten, aus der aufregenden Zeit, als die ersten Postkutschen auf der gerade erbauten Route Napoléon von Cannes nach Grenoble rüttelten. Er kann es belegen. Mit Goldmedaillen aus Beirut. Goldenen Löffeln aus Las Vegas. Er hat sie selbst gewonnen. ›Saucier International Grand Maître, Diplôme de l'Académie Culinaire de France‹ steht auf den stahlgestochenen Urkunden, goldgeprägten Diplomen.

Wer die Großen dieser Welt sind — Madame? Prinz Philip, Toni Sailer, Jean Gabin, Udo Jürgens, Charles de Gaulle, John F. Kennedy, Churchill, Konrad Adenauer, Frank Sinatra, Onassis . . .

Und damit Sie nicht zu kurz kommen — Monsieur — Gina Lollobrigida,

Brigitte Bardot, Rita Hayworth, Jackie Kennedy, Michèle Morgan, Mireille Mathieu, Prinzessin Paola ... genug für den Anfang?
Giovanni Cavestri hat für sie alle komponiert. Nicht gekocht, bitte sehr! Ein Cavestri kocht nie. Ein Cavestri komponiert. Soßen, Menues, Buffets, Gedichte. Und er komponiert leidenschaftlich. Mit korsischem Temperament. Und Gefühl. Und Ausdauer.
Einmal hat er zwei Jahre lang nur Soßen ausprobiert. Tag und Nacht. Neue Rezepte erfunden. Versucht. Verbessert. Entdeckt. ›Die Soße macht die Melodie von die Fleisch!‹ sagt Giovanni Cavestri in elegantem korsischem Deutsch. Oder ›Soße ist Gefühl, Madame, Soße gibt Charakter!‹ Sie sehen, er ist schon ein Besessener, unser Freund. Wohl dem, der ihm begegnet. *Ein Filet ›Cathérina‹ à la Cavestri* verschafft beruflichen Regentagen sofort wieder einen neuen optimistischen Horizont. Und ein schlichtes Hühnerbein verwandelt sich unter Giovanni Cavestris Soßen in 10 verschiedene kulinarische Spezialitäten. Jede einzelne paßt zu einem Gala-Diner für den Schah von Persien oder in ein Fünf-Sterne-Restaurant oder zu einem Fünf-Sterne-General. Giovanni Cavestri verzaubert mit seiner Soßenkunst Vorspeisen, Vorgerichte, Fleisch, Wild, Fisch, Geflügel, Desserts, Präsidenten, Könige, Filmstars, Millionäre.
Sagten wir, wohl dem, der ihm begegnet, Madame? Giovanni Cavestri ist ständig in der Welt unterwegs. Sie könnten ihn in Manhattan treffen. Oder Saigon, oder Acapulco. Doch das wäre ein glücklicher Zufall ... und die langen Flugzeiten, Madame, ständig von einem Jet in den anderen.
Deshalb kam uns die Idee, mit diesem Rezeptbuch gewissermaßen einen Jour Fixe zu arrangieren. In diesem Kochbuch können Sie Giovanni Cavestri auf jeder Seite treffen und mit ihm zusammen kochen. Jeden Tag, wenn Sie wollen. In seinen Rezepten arbeitet er ausschließlich mit Knorr Soßen als Basis. Er ist begeistert davon. Denn er freut sich für Sie, Madame. Weil er ausprobiert hat, daß Sie mit Knorr Soßen eine Grundlage herstellen können, deren Qualität auch eines Meister-Sauciers würdig ist.
Denn die Basis ist für jede Soße das Wichtigste und entscheidend für den Wohlgeschmack. Doch sie ist sehr schwierig herzustellen, wenn sie wirklich gut sein soll. Mit einer Knorr Soße ist die Soßen-Basis gesichert. Ein Glück — sagt Giovanni Cavestri. Denn dadurch werden viele seiner Weltmeister-Soßen nachvollziehbar und leicht. Für jeden, der gerne kocht. Das genau, ist Monsieur Cavestris Wunsch. Er findet, die Kunst, gute Soßen zu machen, verdient es, noch viel mehr verbreitet zu werden. Knorr erklärt sich deshalb mit Freuden für den Fond zuständig. Sie können sich ganz auf den Pfiff konzentrieren. Auf den Akzent, den der Grand Maître setzt, auf die Melodie des Weltmeisters der ›Gastronome Saucier International‹. Auf das Fingerspitzengefühl. Voilà — viel Vergnügen.

Anregungen
Tips
Überraschungen

Alle Rezepte für 4 Personen.

Weltmeister-Geheimnisse

Der Zucker-Trick

1. Zucker gibt man dazu, um den Soßen einen exzellenten Geschmack zu verleihen.

2. Zucker macht die Soßen, bei denen Wein, Essig oder Zitronensaft zugegeben wird, bekömmlicher.

3. Zucker gibt den Soßen eine besondere Note.

Weltmeister-Geheimnisse

Herbes de Provence

Rosmarin, Petersilie, Schnittlauch, Thymian, Salbei, Estragon, Oregano, Basilikum, Dill, Sauerampfer, Kerbel, Lorbeerblatt.

Alle Kräuter sind gerebelt. Sie sind im Verhältnis 1:1 zu mischen.

Etwas Filet-Französisch

bleu = blau

Das Fleisch ist nur sehr kurz von jeder Seite angebraten oder in der Soße angegart. Innen ziemlich roh.

saignant oder rosé = rosa bis blutig

Das Fleisch ist außen braun gebraten. Dann kommt eine rosa Schicht und innen ist etwa $1/2$ cm dunkelroter Kern.

demi-anglais oder médium = halbrosa

Das Fleisch ist bis auf $1/2$ cm durchgebraten.

bien cuit oder à point =

Das Fleisch ist durchgebraten.

Überraschungen mit Rindfleisch  Rumpsteaks

4 je 3 cm dicke (200 g) Scheiben aus dem Roastbeef (Rumpsteak muß an einer Seite einen Fettrand haben) in etwa 3 Eßlöffel Öl oder 30 g Butter braten (oder grillen) und würzen.

Dieses Rumpsteak, Madame, hat schon Udo Jürgens, Toni Sailer und dem Schah von Persien geschmeckt. Warum nicht auch Ihrem Mann? Qui?!

Rumpsteaks „à la Café de Paris"

Zutaten:

1 Eßlöffel feingehackte Schalotten oder Zwiebeln
1 Knoblauchzehe
¹/₈ Liter Wasser
1 Glas trockener Weißwein
3 Eßlöffel Essig
2 Eßlöffel Kerbel
1 Eßlöffel Estragon

1 Eßlöffel gehackte Petersilie
2 Kaffeelöffel scharfer Senf
2 Eßlöffel Zitronensaft
1 Prise Majoran oder Oregano
Pfeffer
1 Eßlöffel Zucker
1 Beutel Knorr Helle Soße, Instant
1 Eßlöffel Cognac

Schalotten oder Zwiebeln und ausgepreßte Knoblauchzehe in dem Bratfett dünsten, Wasser und Weißwein dazugießen, Essig, Kerbel, Estragon, Petersilie, Senf, Zitronensaft, Majoran oder Oregano, Pfeffer, Zucker dazugeben, verrühren, aufkochen, Knorr Helle Soße, Instant, unter Rühren einstreuen und mit Cognac abschmecken.

Überraschungen mit Rindfleisch  Rumpsteaks

Rumpsteaks „à la Strasbourgeoise"

Zutaten:

100 g Champignons
2 Eßlöffel gehackte Zwiebel
¼ Liter Wasser
Pfeffer, Cayennepfeffer
Oregano
2 Kaffeelöffel Zucker
½ Glas Bordeaux
⅛ Liter saure Sahne

1 Eßlöffel feingeschnittener
Schnittlauch
etwa 2 Eßlöffel Knorr Delikatess-
Sauce zum Braten (Tube)

Champignons blättrig schneiden und mit der Zwiebel in dem Bratfett dünsten. Wasser dazugießen, Pfeffer, Cayennepfeffer, Oregano, Zucker, Bordeaux, Sahne und Schnittlauch dazugeben, aufkochen und Knorr Delikatess-Sauce zum Braten einrühren.

Rumpsteaks „des Deux Siciles"

Zutaten:

100 g ungefüllte Oliven
2 Kaffeelöffel feingeschnittener
Schnittlauch, ¼ Liter Wasser
Pfeffer, Cayennepfeffer
1 Eßlöffel Zucker
1 Knoblauchzehe
1 Kaffeelöffel Senf
1 Glas Rotwein

1 Beutel Knorr Rahmsoße
zum Braten, Instant

Oliven in kleine Stücke schneiden und mit Schnittlauch in dem Bratfett andünsten. Wasser dazugießen, Pfeffer, Cayennepfeffer, Zucker, ausgepreßte Knoblauchzehe, Senf und Rotwein dazugeben, aufkochen und Knorr Rahmsoße zum Braten, Instant, unter Rühren einstreuen.

Überraschungen mit Rindfleisch

Rumpsteaks

Rumpsteaks „Sauce Dijonnaise"

Zutaten:

4 gehäufte Eßlöffel Mayonnaise
1 Kaffeelöffel Essig
1 Kaffeelöffel scharfer Senf
1 Eßlöffel feingehackte Schalotten
oder Zwiebeln
1 Eßlöffel feingehackte Kapern
1 Eßlöffel feingehackte Cornichons
1 Eßlöffel gehackte Petersilie
1 Kaffeelöffel Zucker
1 gestrichener Eßlöffel Estragon
Salz, frischgemahlener Pfeffer

Knorr Aromat
1 Prise Cayennepfeffer
1—2 Eßlöffel Weißwein

> *Giovanni Cavestri:*
> *»Mit kalter Soße bekommt*
> *Rumpsteak neue Façon!«*

Alle Zutaten miteinander mischen und pikant abschmecken.

Überraschungen mit Rindfleisch  Filetsteaks

*4 je 3 cm dicke (180 g) Scheiben aus dem breiten Ende des Filets
in etwa 3 Eßlöffel Öl oder 30 g Butter braten (oder grillen) und würzen.*

*Bei diesem Filet machte
Gina Lollobrigida den schönsten Augenaufschlag
ihres Lebens.*

Filetsteaks „Belle France"

Zutaten:

2 Eßlöffel Weißwein
2 Eßlöffel Grand Marnier
4 Pfirsichhälften
4 Eßlöffel Pfirsichsaft
¹/₄ Liter Wasser
1 Kaffeelöffel Zucker

1 Eßlöffel Tomatenketchup
1 Kaffeelöffel Senf
Pfeffer
1 Beutel Knorr Rahmsoße
zum Braten, Instant
1 Eßlöffel Grand Marnier
1 Eßlöffel gehackte Petersilie

Die in Butter gebratenen Filetsteaks mit Weißwein und Grand Marnier
übergießen und flambieren. Steaks herausnehmen und warmstellen.
Pfirsichhälften und Pfirsichsaft dazugeben, Wasser dazugießen, mit Zucker,
Tomatenketchup, Senf und Pfeffer aufkochen, Knorr Rahmsoße zum
Braten, Instant, unter Rühren einstreuen, mit Grand Marnier abschmecken. Auf jedes Steak eine Pfirsichhälfte setzen, Soße darübergeben
und Pfirsichhälften mit Petersilie bestreuen.

Filetsteaks „Provençal"

Zutaten:

4 Tomaten
¼ Liter Wasser
Pfeffer
Cayennepfeffer

1 Eßlöffel gehackte Petersilie
1 Kaffeelöffel Zucker
2—3 Knoblauchzehen
1 Beutel Knorr Tomatensoße, Instant
1 Eßlöffel Pernod

Tomaten brühen, abziehen, in Würfel schneiden und in dem Bratfett dünsten, Wasser dazugießen, Pfeffer, Cayennepfeffer, Petersilie, Zucker und ausgepreßte Knoblauchzehen dazugeben, aufkochen, Knorr Tomatensoße, Instant, unter Rühren einstreuen und mit Pernod abschmecken.

Nach jedem Steak Provençal hatte Napoléon
große Lust, Giovanni Cavestri's Urgroßvater einen Orden zu verleihen.
Jetzt können Sie sich den Orden verdienen.

Filetsteaks „de l'Ile de Cayenne"

Zutaten:
¼ Liter Wasser
Salz, Pfeffer, Cayennepfeffer
1 Eßlöffel grüner Pfeffer
3 Eßlöffel saure Sahne
1 Eßlöffel Senf
1 Eßlöffel Zucker
2 Eßlöffel Whisky
1 Beutel Knorr Helle Soße, Instant

Wasser mit Salz, Pfeffer, Cayennepfeffer, grünem Pfeffer, Sahne, Senf, Zucker und Whisky aufkochen, Knorr Helle Soße, Instant, unter Rühren einstreuen. Filetsteaks in die Soße geben und von jeder Seite 5—8 Minuten garen.

Rumpsteaks »à la Café de Paris«, Rezept s. Seite 12 ▷

Die Onassis-Yacht
Christina ist auch unter
Freunden 2 500 000 Dollar wert.
Monaco. Yachthafen. Möchten Sie
noch einen Drink vor dem Essen?
Brigitte Bardot wird gleich kommen. Allein?
Wer weiß!!! Vielleicht möchten Sie in der
Zwischenzeit Christian Dior einige Geheimnisse
seiner neuen Winter-Kollektion entlocken.

Onassis hat mit Giovanni Cavestri ein
kleines Attentat vorbereitet. Es wird mit
dem Dessert serviert. Attention!

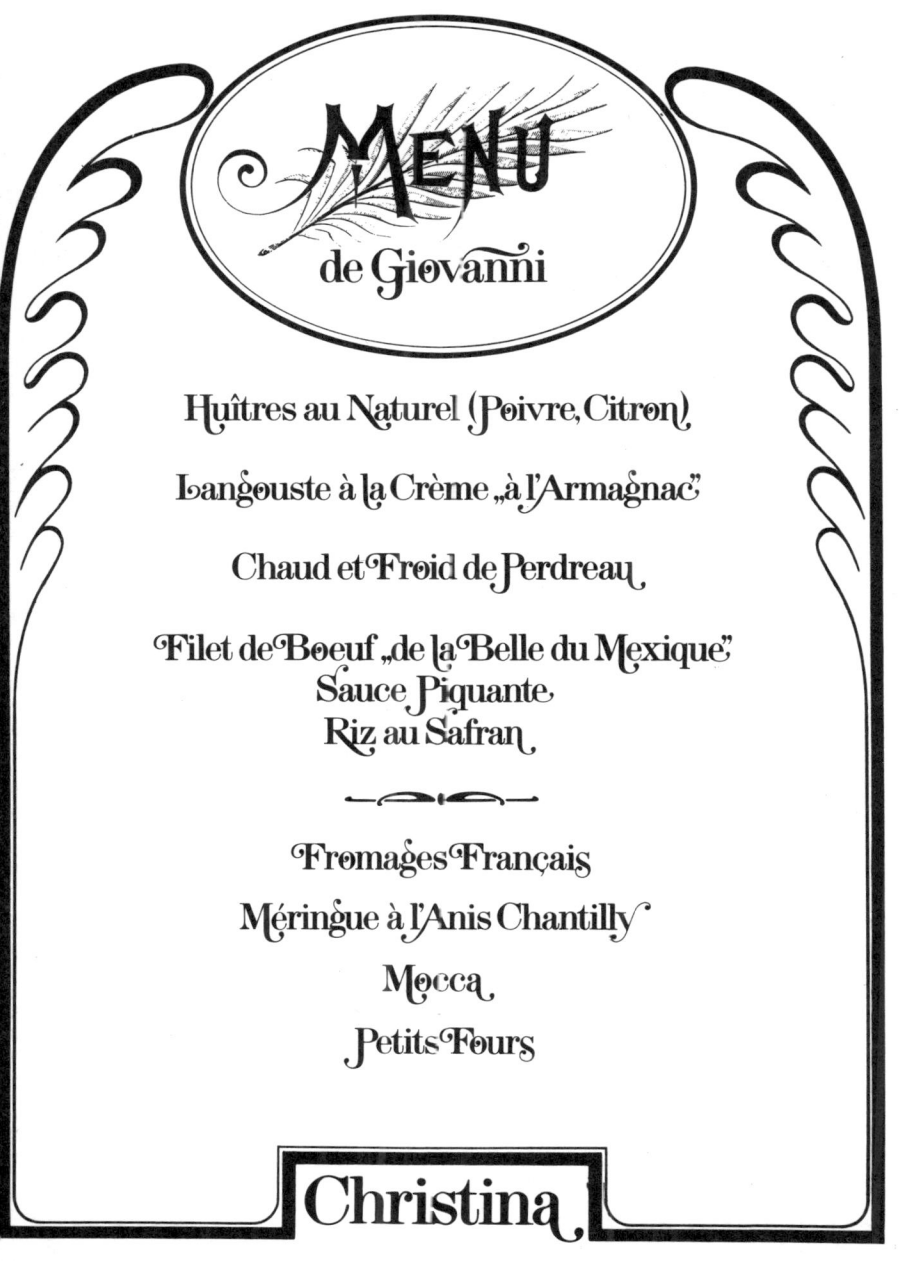

MENU

de Giovanni

Huîtres au Naturel (Poivre, Citron)

Langouste à la Crème „à l'Armagnac"

Chaud et Froid de Perdreau

Filet de Boeuf „de la Belle du Mexique"
Sauce Piquante
Riz au Safran

Fromages Français

Méringue à l'Anis Chantilly

Mocca

Petits Fours

Christina

Bitte, lesen Sie auf den Seiten 91/92 wie das Menu zubereitet wird.

Überraschungen mit Rindfleisch  Filetsteaks

Filetsteaks „Mode de France"

Zutaten:

3/8 Liter Wasser
2 Kaffeelöffel Zucker
1 Kaffeelöffel Senf
1 Eßlöffel gehackte Petersilie
Pfeffer
4 Eßlöffel Weißwein
1 Eßlöffel Whisky
2 Eßlöffel Madeira

1 Beutel Knorr Helle Soße, Instant
2 Eßlöffel halbierte, entkernte Weintrauben

Wasser mit allen Zutaten außer Weintrauben aufkochen und Knorr Helle Soße, Instant, unter Rühren einstreuen. Filetsteaks in die Soße geben und je nach Geschmack 5—8 Minuten von jeder Seite darin garen. Weintrauben kurz vor Ende der Garzeit dazugeben.

Filetsteaks „Rusticana"

Zutaten:

1/4 Liter Wasser
Pfeffer
1 Kaffeelöffel Zucker
1 Kaffeelöffel feingehackte Petersilie
1 Kaffeelöffel feingehackte Zwiebeln
1 Kaffeelöffel feingeschnittener Schnittlauch
1 Kaffeelöffel Rosmarin
1 Beutel Knorr Helle Soße, Instant

2 Eßlöffel Weißwein
2 Eßlöffel Sherry trocken

Bratensatz mit Wasser lösen, Pfeffer, Zucker, Petersilie, Zwiebeln, Schnittlauch und Rosmarin dazugeben, aufkochen, Knorr Helle Soße, Instant, unter Rühren einstreuen und mit Weißwein und Sherry abschmecken.

Überraschungen mit Rindfleisch

Tournedos

*4 je 4—5 cm dicke (175 g) Scheiben aus der Spitze des Filets,
in der Mitte mit einem Bindfaden zusammenbinden, in etwa 3 Eßlöffel Öl
oder 30 g Butter braten (oder grillen) und würzen.*

Tournedos „à la Karin"

Zutaten:

3 Eßlöffel gehackte frische	2 Knoblauchzehen
Champignons	1 Kaffeelöffel Zucker
¹/₄ Liter Wasser	etwa 2 Eßlöffel Knorr Delikatess-
1 Kaffeelöffel Herbes de Provence	Sauce zum Braten (Tube)
Pfeffer	2—3 Eßlöffel Weißwein

Champignons in dem Bratfett dünsten. Wasser dazugießen, Herbes de
Provence, Pfeffer, ausgepreßte Knoblauchzehen und Zucker dazugeben,
aufkochen, Knorr Delikatess-Sauce zum Braten einrühren. Mit Weißwein
abschmecken.

*»Merci beaucoup« —
hauchte Michèle Morgan nach diesen Tournedos.*

Tournedos „Napoléon"

Zutaten:

¹/₄ Liter Wasser, Pfeffer	1 Eßlöffel gehackte Petersilie
1 Prise Cayennepfeffer	2 Eßlöffel Sahne
1 Kaffeelöffel Zucker	3 Tropfen Tabasco
1 Eßlöffel bittere	1 Beutel Knorr Tomatensoße, Instant
Orangenmarmelade	1 Eßlöffel Curaçao

Bratensatz mit Wasser lösen, Pfeffer, Cayennepfeffer, Zucker, Orangen-
marmelade, Petersilie, Sahne und Tabasco dazugeben, aufkochen und
Knorr Tomatensoße, Instant, unter Rühren einstreuen. Mit Curaçao
abschmecken.

Überraschungen mit Rindfleisch

Filetbraten

750—1000 g Filet (Lende) würzen, auf dem Rost im Backofen etwa 30—45 Minuten garen. Bratensatz mit Wasser lösen.

Filetbraten „Marchand de Vin"

Zutaten:

2 Schalotten oder 1 kleine Zwiebel
3 Eßlöffel gehackte Petersilie
30 g Butter
¼ Liter Bordeaux
⅛ Liter Bratenfond
frischgemahlener Pfeffer
Cayennepfeffer
1 Kaffeelöffel Zucker

1 Eßlöffel saure Sahne
2 Kaffeelöffel Zitronensaft
1 Beutel Knorr Feinkost-Soße
zum Braten, Instant

Schalotten oder Zwiebel feinhacken, mit Petersilie in Butter dünsten, Bordeaux und Bratenfond dazugießen, Pfeffer, Cayennepfeffer, Zucker, Sahne und Zitronensaft dazugeben, aufkochen und Knorr Feinkost-Soße zum Braten, Instant, unter Rühren einstreuen.

Überraschungen mit Rindfleisch

Filetbraten

Filetbraten „Sauce Tour Eiffel"

Zutaten:
¹/₄ Liter Bratenfond
¹/₈ Liter trockener Weißwein
1 Eßlöffel Estragon
1 Kaffeelöffel gehackte Petersilie
2 Kaffeelöffel scharfer Senf
2 Kaffeelöffel Zucker
Pfeffer
1 Beutel Knorr Helle Soße, Instant

Bratenfond mit Weißwein, Estragon, Petersilie, Senf, Zucker und Pfeffer aufkochen und Knorr Helle Soße, Instant, unter Rühren einstreuen.

Remouladensauce „à l'Ancienne"

Zutaten:
4 gehäufte Eßlöffel Mayonnaise
1 Eßlöffel Essig
2 Eßlöffel Weißwein
1—2 Kaffeelöffel Senf
3 Cornichons
1 Kaffeelöffel Kapern
1 Eßlöffel gehackte Petersilie
1 Kaffeelöffel Kerbel
1 Kaffeelöffel Estragon

Salz, Pfeffer, Knorr Aromat

> Giovanni Cavestri:
> »Filetbraten mit kalter Soße
> ist excellent, Madame!«

Mayonnaise, Essig, Weißwein, Senf, feingehackte Cornichons, Kapern, Petersilie, Kerbel, Estragon, Salz, Pfeffer und Aromat vermischen.

Überraschungen mit Rindfleisch

Schmorbraten

750—1000 g Lende, Keule, Schulter oder Hals (Kamm) würzen, in 4 Eßlöffel Öl anbraten, wenig Wasser dazugießen und etwa eineinhalb Stunden garen.

Schmorbraten „Montevideo"

Zutaten:
Wasser
Pfeffer, Cayennepfeffer
1 Kaffeelöffel Zucker
1 Kaffeelöffel scharfer Senf
1 Kaffeelöffel Estragon

4 Eßlöffel Rotwein
3 Eßlöffel Sahne
Saft von 1 Zitrone
1 Beutel Knorr Soße zum Schmorbraten, Instant

Bratenfond mit Wasser zu ³/₈ Liter auffüllen, Pfeffer, Cayennepfeffer, Zucker, Senf, Estragon, Rotwein, Sahne und Zitronensaft dazugeben, aufkochen und Knorr Soße zum Schmorbraten, Instant, unter Rühren einstreuen.

Diesen Schmorbraten hat Giovanni Cavestri dem Hafenmeister von Montevideo gewidmet. Er soll der beste Schmorbratenkenner der Welt sein.

Schmorbraten „Dubarry"

Zutaten:
Wasser
Pfeffer, Cayennepfeffer
1 Kaffeelöffel Zucker
3 Kaffeelöffel scharfer Senf

1 Knoblauchzehe
2 Eßlöffel saure Sahne
1 Beutel Knorr Soße zum Schmorbraten, Instant
Cognac

Bratenfond mit Wasser zu ³/₈ Liter auffüllen. Pfeffer, Cayennepfeffer, Zucker, Senf, ausgepreßte Knoblauchzehe, Sahne dazugeben, aufkochen, Knorr Soße zum Schmorbraten, Instant, unter Rühren einstreuen und mit Cognac abschmecken.

Überraschungen mit Rindfleisch

Rouladen

4 Scheiben aus der Keule, je 125 g, würzen,
füllen und in 2—3 Eßlöffel Öl anbraten, wenig Wasser dazugießen
und 40—50 Minuten garen.

Füllung I:
125 g gemischtes Hackfleisch, 50 g gehobelter Emmentaler Käse,
1 Eßlöffel gehackte Petersilie, Salz, Pfeffer, Oregano.

Füllung II:
125 g in Würfel geschnittener durchwachsener Speck,
1 in Würfel geschnittene Zwiebel, 50 g in Würfel oder Scheiben
geschnittene Gewürzgurken.

Rouladen „à la Montbéliardaise"

Zutaten:
Wasser
Pfeffer
1 Eßlöffel Zucker
1 Eßlöffel Senf
1 Beutel Knorr Rahmsoße
zum Braten, Instant
2 Eßlöffel Rotwein

Bratenfond mit Wasser zu $^3/_8$ Liter auffüllen, Pfeffer, Zucker und Senf dazugeben, aufkochen und Knorr Rahmsoße zum Braten, Instant, unter Rühren einstreuen. Mit Rotwein abschmecken.

Rouladen „Amiens"

Zutaten:
3 Tomaten
Wasser
Pfeffer, Oregano
2—3 Knoblauchzehen
1—2 Kaffeelöffel Zucker
1 Eßlöffel gehackte Petersilie
1 Beutel Knorr Helle Soße, Instant
1 Eßlöffel Weißwein

1 Eßlöffel feingeschnittener
Schnittlauch

Tomaten brühen, abziehen und feinhacken. Bratenfond mit Wasser zu ³/₈ Liter auffüllen, Tomaten, Pfeffer, Oregano, ausgepreßte Knoblauchzehen, Zucker und Petersilie dazugeben, aufkochen und Knorr Helle Soße, Instant, unter Rühren einstreuen. Mit Weißwein abschmecken und Schnittlauch darüberstreuen.

Rouladen „à la Narbonnaise"

Zutaten:
Wasser
Pfeffer, Rosmarin
Majoran
1 Prise Salbei
1 Prise Zucker
1 Prise Basilikum
1 Knoblauchzehe
1 Beutel Knorr Rahmsoße
zum Braten, Instant

1 Eßlöffel Cognac
Petersilie

Prinz Philip hätte durch diese Rouladen beinahe sein Flugzeug nach London verpaßt!

Bratenfond mit Wasser zu ³/₈ Liter auffüllen, Pfeffer, Rosmarin, Majoran, Salbei, Zucker, Basilikum, ausgepreßte Knoblauchzehe dazugeben, aufkochen und Knorr Rahmsoße zum Braten, Instant, unter Rühren einstreuen. Mit Cognac abschmecken und feingehackte Petersilie darüberstreuen.

Nieren »Bretonne«, Rezept s. Seite 39 ▷
Klopse »à la Traviata«, Rezept s. Seite 30 ▷

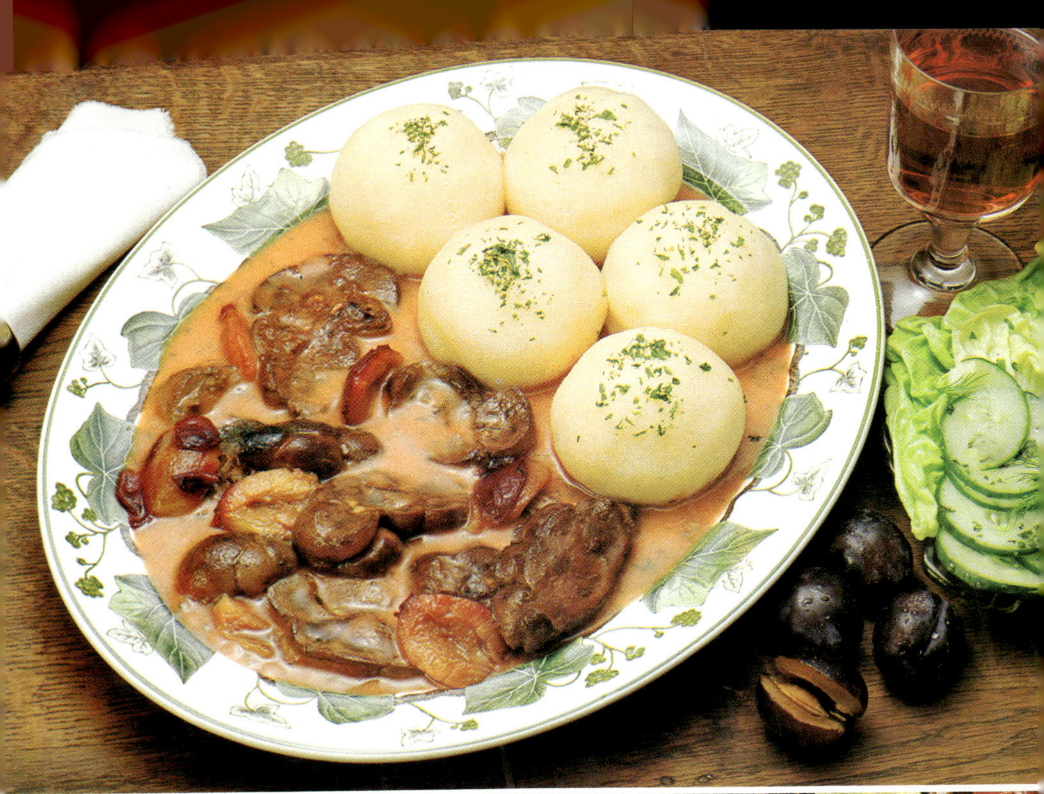

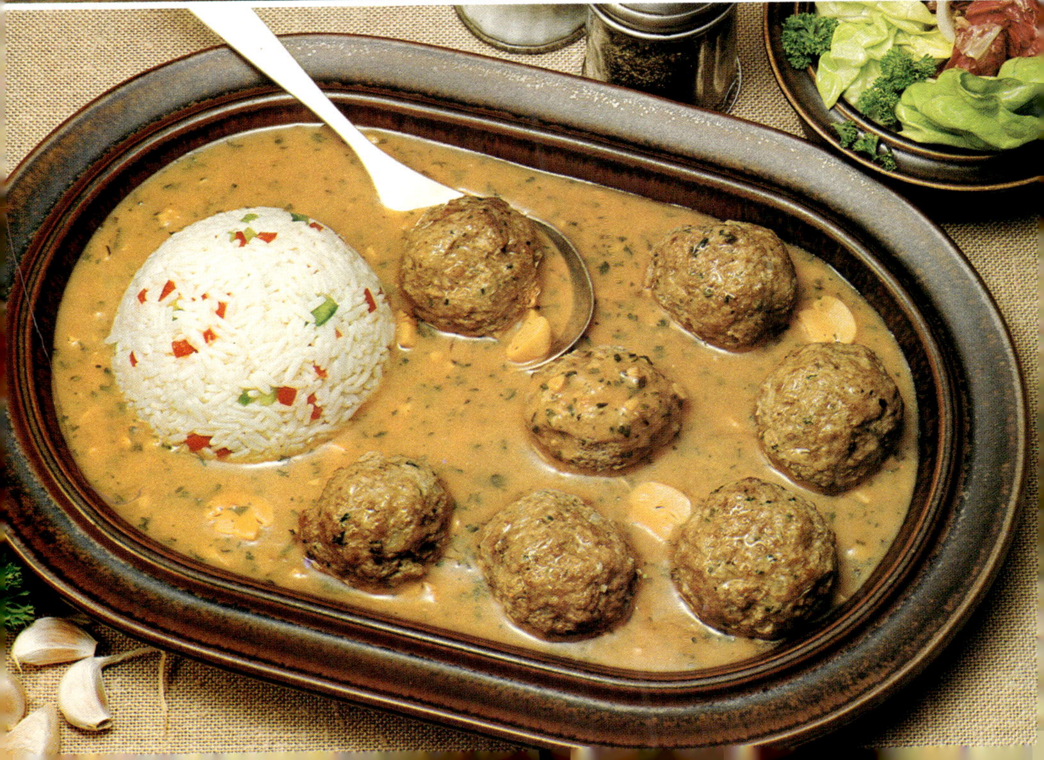

Überraschungen mit Rindfleisch

Sauerbraten

750—1000 g Blume, Schulter oder Schwanzstück,
2—3 Tage in eine Beize einlegen, Fleisch abtrocknen, würzen,
in 3—4 Eßlöffel Öl anbraten, wenig Wasser und Beize dazugießen
und etwa eineinhalb Stunden garen.

Beize:

1. Wasser, Essig, Salz, Möhre, Sellerie, Petersilienwurzel, Zwiebel,
Gewürzkörner, Lorbeerblatt, Nelke, Pfefferkörner

oder

2. Buttermilch, Zwiebeln, Möhren, Wacholderbeeren, Nelken,
Pfefferkörner, Petersilienwurzel

oder

3. Essig, Wein, Wasser, Salz, Zwiebeln, Pfefferkörner, Nelke,
Lorbeerblatt, Möhre, Sellerie, Petersilienwurzel.

Sauerbraten „à l'Argentueil"

Zutaten:

Beize oder Wasser
Pfeffer
1 Eßlöffel Zucker
1 Kaffeelöffel Senf
2 Eßlöffel Rosinen oder
halbierte, entkernte Weintrauben
evtl. Essig
1—2 Eßlöffel saure Sahne

1 Beutel Knorr
Feinkost-Soße zum
Braten, Instant
2 Tropfen Tabasco
2 Kaffeelöffel
Pernod

Bratenfond mit Beize oder Wasser, je nach Geschmack, zu ³/₈ Liter auffüllen. Pfeffer, Zucker, Senf, Rosinen oder Weintrauben, evtl. Essig, Sahne
dazugeben, aufkochen und Knorr Feinkost-Soße zum Braten, Instant, unter
Rühren einstreuen. Mit Tabasco und Pernod abschmecken.

Überraschungen mit Rindfleisch

Sauerbraten

„Sauerbraten „à la Cathérina"

Zutaten:
50 g geputzter Sellerie
100 g geputzte Karotten
75 g geputzter Porree
1 Zwiebel
2—3 Knoblauchzehen
Wasser
2 Eßlöffel saure Sahne
1 Beutel Knorr Soße zum
Schmorbraten, Instant

Sellerie und Karotten in feine Streifen, Porree und Zwiebel in Ringe schneiden, Knoblauchzehen feinhacken und 15 Minuten vor Ende der Garzeit dazugeben. Fleisch herausnehmen und warmstellen. Bratenfond mit Wasser zu $^3/_8$ Liter auffüllen, Sahne dazugeben, aufkochen und Knorr Soße zum Schmorbraten, Instant, unter Rühren einstreuen.

Bei diesem Sauerbraten hatte ein belgischer Bankdirektor eine Idee, die ihm fast über Nacht ein Millionen-Dollar-Geschäft mit der sowjetischen Regierung einbringen sollte.

Überraschungen mit Rindfleisch

Hacksteaks

*375 g Rinderhackfleisch oder gemischtes Hackfleisch, 1 Ei,
1 eingeweichtes, ausgedrücktes Brötchen, 1 in Würfel geschnittene Zwiebel
und Gewürze vermischen, pikant abschmecken,
8 flache Hacksteaks formen und in 3 Eßlöffel Öl braten.*

Hacksteaks „Jeannette"

Zutaten:
¹/₄ Liter Wasser
1 Eßlöffel gehackte Petersilie
1 Eßlöffel Kapern
1 Knoblauchzehe
1 Eßlöffel saure Sahne
2 Kaffeelöffel Zucker
1 Prise Cayennepfeffer
Pfeffer
1 Beutel Knorr Rahmsoße zum
Braten, Instant

2 Eßlöffel Weißwein

Bratensatz mit Wasser lösen. Petersilie, Kapern, ausgepreßte Knoblauchzehe, Sahne, Zucker, Cayennepfeffer und Pfeffer dazugeben, aufkochen,
Knorr Rahmsoße zum Braten, Instant, unter Rühren einstreuen. Mit Weißwein abschmecken.

Überraschungen mit Rindfleisch

Hacksteaks

Hacksteaks „Bordeaux"

Zutaten:
$^1/_4$ Liter Wasser
3 Kaffeelöffel Zucker
2 Eßlöffel Essig
1 Eßlöffel saure Sahne
Pfeffer, Cayennepfeffer
Oregano
Thymian
1 Beutel Knorr Jägersoße, Instant
2 Eßlöffel Bordeaux

Bratensatz mit Wasser lösen. Zucker, Essig, Sahne, Pfeffer, Cayennepfeffer, Oregano und Thymian dazugeben, aufkochen, Knorr Jägersoße, Instant, unter Rühren einstreuen. Mit Bordeaux abschmecken.

Hacksteaks „London"

Zutaten:
1 große Zwiebel
1 Knoblauchzehe
$^1/_4$ Liter Wasser
frisch gemahlener Pfeffer
1 Kaffeelöffel Senf
1 Eßlöffel Zucker
1 Prise Cayennepfeffer
1 Eßlöffel grüner Pfeffer

3 Eßlöffel Sahne
1 Beutel Knorr Helle Soße, Instant
2 Eßlöffel Weißwein
2 Eßlöffel Whisky

Zwiebel feinhacken und mit ausgepreßter Knoblauchzehe in dem Bratfett dünsten. Wasser dazugießen, Pfeffer, Senf, Zucker, Cayennepfeffer, grüner Pfeffer und Sahne dazugeben, aufkochen und Knorr Helle Soße, Instant, unter Rühren einstreuen. Mit Weißwein und Whisky abschmecken.

Überraschungen mit Rindfleisch

Hacksteaks Hackbraten

Hacksteaks „Benjamin"

Zutaten:

1/4 Liter Wasser
Pfeffer
1 Eßlöffel Thymian
1 Eßlöffel Estragon
Cayennepfeffer
2 Kaffeelöffel Zucker
3 Eßlöffel Sahne
1 Beutel Knorr Tomatensoße, Instant

1 Eßlöffel Rotwein
1 Kaffeelöffel Cognac

Bratensatz mit Wasser lösen, Pfeffer, Thymian, Estragon, Cayennepfeffer, Zucker und Sahne dazugeben, aufkochen, Knorr Tomatensoße, Instant, unter Rühren einstreuen und mit Rotwein und Cognac abschmecken.

Hackbraten „Bonne Femme"

Zutaten:

500 g gemischtes Hackfleisch
1 Brötchen, 1 Ei
Knorr Aromat
Pfeffer, Paprika
1 Kaffeelöffel Senf

125 g in Würfel geschnittene
Zwiebeln
1/4 Liter Wasser
1 Beutel Knorr Feinkost-Soße
zum Braten, Instant
Essig, Zucker

Hackfleisch mit eingeweichtem, ausgedrücktem Brötchen, Ei, Gewürzen und Senf gut vermischen und sehr pikant abschmecken. Aus dem Teig einen Hackbraten formen, in der Fettpfanne im Backofen 40 Minuten braten. Zwiebeln in den letzten 10 Minuten der Bratzeit dazugeben. Braten herausnehmen. Wasser zu dem Bratensatz gießen, aufkochen und Knorr Feinkost-Soße zum Braten, Instant, unter Rühren einstreuen. Soße mit Essig und Zucker süß-sauer abschmecken.

Überraschungen mit Rindfleisch

Klopse

*375 g Rinderhackfleisch oder gemischtes Hackfleisch, 1 Ei,
1 eingeweichtes, ausgedrücktes Brötchen, 1 in Würfel geschnittene Zwiebel,
feingehackte Petersilie, 1 feingehackte Anchovis, 1 Kaffeelöffel
feingehackte Kapern und Gewürze vermischen, pikant abschmecken,
8 bis 12 Klopse formen und garen.*

*Fleischteig wie oben, aber statt Anchovis und Kapern
2 Eßlöffel feingehackte Champignons dazugeben.*

> *»Giovanni, Deine Klopse gehören an die Mailänder Scala«,*
> *schmunzelte ein berühmter Dirigent. »Ich habe La Traviata noch*
> *nie mehr genossen.«*

Klopse „à la Traviata"

Zutaten:

3/8 Liter Wasser
Salz, Pfeffer, Thymian
Oregano, Cayennepfeffer
1 Knoblauchzehe
1 Eßlöffel feingehackte Petersilie
1 Eßlöffel Zucker
1 Beutel Knorr Rahmsoße zum
Braten, Instant

1 Dose Champignons (etwa 60 g)
3 Eßlöffel Rotwein

Wasser mit Salz, Pfeffer, Thymian, Oregano, Cayennepfeffer, ausgepreßter Knoblauchzehe, Petersilie und Zucker aufkochen. Klopse dazugeben und etwa 10 Minuten garen. Knorr Rahmsoße zum Braten, Instant, unter Rühren einstreuen. Feingehackte Champignons dazugeben, mit Rotwein abschmecken.

Überraschungen mit Rindfleisch

Klopse

Klopse „Saint-Tropez"

Zutaten:

3/8 Liter Wasser
Salz, Pfeffer, Cayennepfeffer
Oregano
1 Kaffeelöffel Zucker
1 Kaffeelöffel Senf
1 Knoblauchzehe

1¹/₂ Eßlöffel Kapern
2—3 feingehackte Anchovis
1 Beutel Knorr Helle Soße, Instant
2 Eßlöffel Sahne
3 Eßlöffel Weißwein
1—2 Eßlöffel Calvados

Wasser mit Salz, Pfeffer, Cayennepfeffer, Oregano, Zucker, Senf, ausgepreßter Knoblauchzehe, Kapern und Anchovis aufkochen, Klopse dazugeben und etwa 10 Minuten garen. Knorr Helle Soße, Instant, unter Rühren einstreuen und mit Sahne, Weißwein und Calvados abschmecken.

Überraschungen mit Rindfleisch — Gulasch

500 g Schulter oder Bein (Schenkel) in Würfel schneiden, in 3–4 Eßlöffel Öl anbraten und würzen.

Gulasch „à l'Arménienne"

Zutaten:

1 Pepperoni
Salz, Pfeffer, Cayennepfeffer
Paprika
$^3/_8$ Liter Wasser
1 Kaffeelöffel Zucker

1 Eßlöffel feingehackte Petersilie
1 Beutel Knorr Soße zum Gulasch, Instant
3 Eßlöffel Sahne
Tabasco
2 Eßlöffel Cognac

Pepperoni feinhacken, dazugeben, Salz, Pfeffer, Cayennepfeffer und Paprika darüberstreuen, Wasser dazugießen und etwa 60–70 Minuten garen. Zucker und Petersilie beifügen und Knorr Soße zum Gulasch, Instant, unter Rühren einstreuen. Mit Sahne, Tabasco und Cognac abschmecken.

»In Korsika werden die besten Köche der Welt geboren«, meint Giovanni Cavestri. Bei diesem Gulasch werden Sie ihm glauben müssen.

Gulasch „à la Corse"

Zutaten:

2 grüne Paprikaschoten
2 Tomaten
2 Knoblauchzehen
Salz, Pfeffer
$^3/_8$ Liter Wasser
4–5 Nelken
2 Lorbeerblätter

1 Kaffeelöffel Zucker
1 Kaffeelöffel Senf
1 Beutel Knorr Tomatensoße, Instant
2 Eßlöffel saure Sahne
2 Eßlöffel Rotwein
2 Kaffeelöffel feingeschnittener Schnittlauch

Halbierte, entkernte Paprikaschoten und gebrühte, abgezogene Tomaten in Würfel schneiden, mit ausgepreßten Knoblauchzehen dazugeben, Salz und Pfeffer darüberstreuen, Wasser dazugießen, Nelken und Lorbeerblätter beifügen und etwa 60–70 Minuten garen. Zucker und Senf dazugeben, Knorr Tomatensoße, Instant, unter Rühren einstreuen und mit Sahne und Rotwein abschmecken. Schnittlauch darüberstreuen.

Rehmedaillons »Bonne Femme«, Rezept s. Seite 66

London,
ein Freitagabend
1972

An diesem
Abend war im
Royal Palace
der Teufel los.

Internationaler Filmabend. Welturaufführung. Berühmte Namen.
Superstars. Das ganze englische Könighaus. Und Dinner-Party im
Royal Palace.
Giovanni Cavestri als Star in der Küche. Weltmeister-Saucier.
Konzentriert. Schnell. Feinfühlig mit jedem Gewürz.
Das Menu! Nebenan können Sie mitkochen, was Liz Taylor, Prin-
zessin Margaret, Richard Burton schmeckt. Voilà! Bon Appétit!

London

Menu

de Giovanni

Homard en Folie de Giovanni

Ris-de-veau „Belle Epoque"

Perdreau aux Baies de Genévrier
flambé au Cognac
Pommes Soufflées

Omelette Norvégienne
flambée au Marasquin

Mocca

Mignardises

London, Restaurant „Royal Palace"

Bitte, lesen Sie auf den Seiten 93/94 wie das Menu zubereitet wird.

Kalbfleisch-Variationen
Braten

750—1000 g Keule, Brust (gefüllt und ungefüllt) Rücken, Nierenbraten, Haxe, Nuß oder Filet würzen, mit wenig Öl in der Pfanne oder auf dem Rost im Backofen etwa 60 Minuten garen. Bratensatz mit Wasser lösen.

Kalbsbraten „à la Lyonnaise"

Zutaten:

1 Zwiebel
2 Tomaten
2 geputzte Möhren
1 Knoblauchzehe
20 g Butter
Wasser
Pfeffer

Thymian
2 Lorbeerblätter
etwa 2 Eßlöffel Knorr Delikatess-Sauce zum Braten (Tube)

Zwiebel und abgezogene Tomaten in Würfel, Möhren in Scheiben schneiden, Knoblauchzehe auspressen und in Butter dünsten. Bratenfond mit Wasser zu $^3/_8$ Liter auffüllen, dazugießen, Pfeffer, Thymian, Lorbeerblätter dazugeben, aufkochen, Knorr Delikatess-Sauce zum Braten einrühren.

Rollbraten „à la Parisienne"

Zutaten:

Wasser
1 Möhre
1 Tomate
1 kleine Knoblauchzehe
Pfeffer

1 Lorbeerblatt
1 Beutel Knorr Rahmsoße zum Braten, Instant
2 Eßlöffel Cognac

Bratenfond mit Wasser zu $^3/_8$ Liter auffüllen. Möhre und abgezogene Tomate in kleine Würfel schneiden, dazugeben, ausgepreßte Knoblauchzehe, Pfeffer, Lorbeerblatt beifügen und etwa 5 Minuten kochen. Knorr Rahmsoße zum Braten, Instant, unter Rühren einstreuen und mit Cognac abschmecken.

Kalbfleisch-Variationen

Kalbsbrust

750 g Kalbsbrust füllen, würzen, mit wenig Öl
in der Pfanne oder auf dem Rost im Backofen etwa 60 Minuten garen.
Bratensatz mit Wasser lösen.
Füllung:
250 g gemischtes Hackfleisch, 1 Eigelb, Semmelbrösel,
1 feingehackte Zwiebel, 250 g blättrig geschnittene Champignons,
4 feingeschnittene ungefüllte Oliven, Salz,
Pfeffer und Oregano vermischen und pikant abschmecken.

Gefüllte Kalbsbrust „à la Niçoise"

Zutaten:

1 Zwiebel, 2 Tomaten, 20 g Butter
Wasser, Pfeffer, Rosmarin
1 Prise Zucker
1 Kaffeelöffel Senf

1 Eßlöffel gehackte Petersilie
1 Beutel Knorr Tomatensoße, Instant
Tabasco
1 Eßlöffel trockener Sherry

Zwiebel feinhacken, Tomaten abziehen, in Würfel schneiden, in Butter dünsten. Bratenfond mit Wasser zu $^3/_8$ Liter auffüllen, dazugießen, Pfeffer, Rosmarin, Zucker, Senf, Petersilie dazugeben, aufkochen, Knorr Tomatensoße, Instant, unter Rühren einstreuen und mit Tabasco und Sherry abschmecken.

Kalbfleisch-Variationen

Ragout

375 g Schulter, Blatt oder Bug in Würfel schneiden,
in 3—4 Eßlöffel Öl in einer Pfanne braten und würzen.

Lassen Sie Ihren Mann
nicht so viel Bier trinken,
Madame — Lassen Sie
ihn Bier essen!

Ragout „Norvégienne"

Zutaten:

1 Kalbsniere	1 Kaffeelöffel Zucker
1 Zwiebel	1 Eßlöffel Senf
1 Eßlöffel gehackte Petersilie	$^3/_8$ Liter Wasser
3 Eßlöffel gehackte Champignons	1 Beutel Knorr Helle Soße, Instant
Pfeffer, Paprika	2—3 Eßlöffel Bier

Vorbereitete Niere und Zwiebel in Würfel schneiden, Petersilie und Champignons dazugeben und dünsten. Pfeffer, Paprika, Zucker und Senf beifügen. Wasser dazugießen, aufkochen und Knorr Helle Soße, Instant, unter Rühren einstreuen. Mit Bier abschmecken.

Kalbfleisch-Variationen — Medaillons

8—12 je 1 cm dicke Scheiben aus dem Filet, in etwa 3 Eßlöffel Öl oder 30 g Butter braten (oder grillen) und würzen.

Medaillons „à la Mexicaine"

Zutaten:

¹/₄ Liter Wasser
1 Pepperoni
1 Eßlöffel Zucker
Pfeffer, Cayennepfeffer

1 Eßlöffel gehackte Petersilie
3 Eßlöffel saure Sahne
1 Beutel Knorr Tomatensoße, Instant
1 Eßlöffel Whisky

Bratensatz mit Wasser lösen, feingewiegte Pepperoni, Zucker, Pfeffer, Cayennepfeffer, Petersilie, Sahne dazugeben, aufkochen, Knorr Tomatensoße, Instant, unter Rühren einstreuen und mit Whisky abschmecken.

Medaillons „aux Fines Herbes à la Crème"

Zutaten:

¹/₄ Liter Wasser
1 Kaffeelöffel Herbes de Provence
frisch gemahlener Pfeffer
3 Kaffeelöffel Zucker
1 Eßlöffel Senf

1 Knoblauchzehe
1 Beutel Knorr Helle Soße, Instant
1 Eßlöffel Cognac
2 Eßlöffel trockener Weißwein
1 Eßlöffel Calvados

Bratensatz mit Wasser lösen, Herbes de Provence, Pfeffer, Zucker, Senf, ausgepreßte Knoblauchzehe dazugeben, aufkochen, Knorr Helle Soße, Instant, unter Rühren einstreuen, mit Cognac, Weißwein und Calvados abschmecken.

Medaillons „Cumberland"

Zutaten:

¹/₄ Liter Wasser
1 Kaffeelöffel Senf
Cayennepfeffer, Zucker

2 Eßlöffel Johannisbeergelee
1 Beutel Knorr Feinkost-Soße
zum Braten, Instant
2 Eßlöffel Rotwein

Bratensatz mit Wasser lösen. Senf, Cayennepfeffer, Zucker, Johannisbeergelee dazugeben, aufkochen, Knorr Feinkost-Soße zum Braten, Instant, unter Rühren einstreuen. Mit Rotwein abschmecken.

Kalbfleisch-Variationen

Schnitzel

4 je 100—125 g Scheiben aus der Keule oder Nuß in etwa 3 Eßlöffel Öl oder 30 g Butter braten (oder grillen) und würzen.

Schnitzel „à l'Orange"

Zutaten:

¹/₄ Liter Wasser	3 Eßlöffel Sahne
Saft von 1 Orange	1 Beutel Knorr Feinkost-Soße zum
1 Stück Orangenschale, ungespritzt	Braten, Instant
Cayennepfeffer	1 Eßlöffel Sherry

Bratensatz mit Wasser lösen. Orangensaft, in feine Streifen geschnittene Orangenschale (nur Gelbes), Cayennepfeffer und Sahne dazugeben, aufkochen, Knorr Feinkost-Soße zum Braten, Instant, unter Rühren einstreuen. Mit Sherry abschmecken.

Weitere Soßen siehe Schwein/Seite 42

Kalbfleisch-Variationen

Nieren

500 g Nieren. Fett und Röhren entfernen.
Nieren in dicke Scheiben schneiden. In 30 g Butter kurz braten.

> **Eine Soße muß komponiert sein — Madame!**
> **Mit Fingerspitzengefühl!**

Nieren „Bretonne"

Zutaten:

2 Eßlöffel Calvados	1 Kaffeelöffel Senf
1 Glas Bordeaux	1 Eßlöffel Petersilie
4 Eßlöffel halbierte Pflaumen (Dose)	Salz, Pfeffer
¼ Liter Wasser	Thymian, Lorbeerblatt
1—2 Eßlöffel Zucker	1 Beutel Knorr Tomatensoße, Instant
3 Eßlöffel Sahne	Calvados

Nieren mit Calvados und Bordeaux übergießen und flambieren. Herausnehmen und warmstellen. Pflaumen dazugeben, Wasser dazugießen, mit Zucker, Sahne, Senf, Petersilie, Salz, Pfeffer, Thymian und Lorbeerblatt aufkochen, Knorr Tomatensoße, Instant, unter Rühren einstreuen. Mit Calvados abschmecken und Soße über die Nieren geben.

Nieren „à l'Estragon"

Zutaten:

1 Glas Cognac, 1 Zwiebel	2 Kaffeelöffel Senf
⅛ Liter Wasser, ⅛ Liter Weißwein	1 Kaffeelöffel Zucker
1 Eßlöffel Estragon, 3 Eßlöffel Sahne	Salz, Pfeffer, 1—2 Eßlöffel Essig
	1 Beutel Knorr Helle Soße, Instant

Nieren mit Cognac übergießen und flambieren. Herausnehmen und warmstellen. In Würfel geschnittene Zwiebel in dem Bratfett dünsten, Wasser und Weißwein dazugießen. Estragon, Sahne, Senf, Zucker, Salz, Pfeffer und Essig dazugeben, aufkochen, Knorr Helle Soße, Instant, unter Rühren einstreuen. Soße über die Nieren geben.

40

Kalbfleisch-Variationen

Koteletts

4 Scheiben aus dem Kalbsrücken mit Rippe, in etwa 3 Eßlöffel Öl oder 30 g Butter braten (oder grillen) und würzen.

Koteletts „Financière"

Zutaten:
2 Zwiebeln
2 Tomaten
1 Eßlöffel gehackte Petersilie
¼ Liter Wasser

1—2 Kaffeelöffel Meerrettich
2 Eßlöffel Sahne
1 Beutel Knorr Tomatensoße, Instant
Gin

Zwiebeln und abgezogene Tomaten in Würfel schneiden und mit Petersilie in dem Bratfett dünsten. Wasser dazugießen, mit Meerrettich und Sahne aufkochen. Knorr Tomatensoße, Instant, unter Rühren einstreuen. Mit Gin abschmecken.

Weitere Soßen siehe Schwein/Seite 42

Kasseler »à la Giovanni«, Rezept s. Seite 44 ▷
Scampis »Montréal«, Rezept s. Seite 84 ▷

Kalbfleisch-Variationen

Diverse

Steaks

4 je 1 cm dicke (150 g) Scheiben aus der Keule oder Nuß
in etwa 3 Eßlöffel Öl oder 30 g Butter braten (oder grillen) und würzen.

Schmorbraten

750—1000 g Hals, Brust, Schulter, Rücken, Kamm
oder Haxe, würzen, in 3—4 Eßlöffel Öl anbraten, wenig Wasser dazugießen
und etwa 90 Minuten garen.

Rouladen

4 Scheiben aus der Keule, je 125 g, würzen,
nach Belieben füllen, in 2—3 Eßlöffel Öl anbraten, wenig Wasser
dazugießen und etwa 20 Minuten garen.

Leber

4 Scheiben Leber, je 150 g, in 3—4 Eßlöffel Öl oder 30—40 g Butter
braten (oder grillen) und würzen.

Soßen siehe Schwein oder Rind

Neue Schweinefleisch-Ideen

Schnitzel

4 Schnitzel, je 100—125 g, aus der Keule, in 3 Eßlöffel Öl oder 30 g Butter braten (oder grillen) und würzen.

Schnitzel „à la Bauroise"

Zutaten:
6 große frische Champignons
¹/₄ Liter Wasser
1 Lorbeerblatt
2 Nelken
Zucker, Thymian
1 Kaffeelöffel Senf

2 Eßlöffel Sahne oder Dosenmilch
2 Eßlöffel Knorr Delikatess-Sauce zum Braten (Tube)
2 Eßlöffel Bordeaux

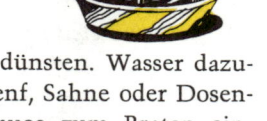

Champignons blättrig schneiden, in dem Bratfett dünsten. Wasser dazugießen, Lorbeerblatt, Nelken, Zucker, Thymian, Senf, Sahne oder Dosenmilch dazugeben, aufkochen, Knorr Delikatess-Sauce zum Braten einrühren, mit Bordeaux abschmecken.

Schnitzel „Vichy"

Zutaten:
2 Zwiebeln
1 Knoblauchzehe
¹/₈ Liter Wasser
¹/₈ Liter Bordeaux
2 Eßlöffel Sahne
Cayennepfeffer
2 Kaffeelöffel Zucker

1 Beutel Knorr Feinkost-Soße zum Braten, Instant

In Würfel geschnittene Zwiebeln und ausgepreßte Knoblauchzehe in dem Bratfett dünsten. Wasser und Bordeaux dazugießen, mit Sahne, Cayennepfeffer und Zucker aufkochen, Knorr Feinkost-Soße zum Braten, Instant, unter Rühren einstreuen.

Neue Schweinefleisch-Ideen

Medaillons

8—12 je 1 cm dicke Scheiben aus dem Filet in etwa 3 Eßlöffel Öl oder 30 g Butter braten (oder grillen) und würzen

Medaillons „Provençal Mode du Var"

Zutaten:

1 Zwiebel
2 Tomaten
1 Eßlöffel gehackte Petersilie
¼ Liter Wasser
Pfeffer, Rosmarin, Cayennepfeffer

2 Knoblauchzehen
1 Beutel Knorr Tomatensoße, Instant
1 Eßlöffel Pernod
1 Kaffeelöffel feingeschnittener Schnittlauch

Zwiebel und abgezogene Tomaten in kleine Würfel schneiden und mit Petersilie in dem Bratfett dünsten. Wasser dazugießen, Pfeffer, Rosmarin, Cayennepfeffer und ausgepreßte Knoblauchzehen dazugeben, aufkochen, Knorr Tomatensoße, Instant, unter Rühren einstreuen. Mit Pernod abschmecken und Schnittlauch darüberstreuen.

Neue Schweinefleisch-Ideen

Kasseler

4 Scheiben aus dem gespritzten und geräucherten Kotelettstück,
in 3 Eßlöffel Öl braten (oder grillen) und würzen.

Kasseler „à la Giovanni"

Zutaten:

1 Zwiebel	Pfeffer, Cayennepfeffer
1 Paprikaschote	1 Knoblauchzehe
$3/8$ Liter Wasser	$1^{1}/_{2}$ Eßlöffel Zucker
1 Eßlöffel Tomatenmark	3 Eßlöffel Sahne
je 1 Prise Thymian, Majoran,	1 Beutel Knorr Jägersoße, Instant
Basilikum	2 Eßlöffel Courvoisier

Zwiebel und entkernte Paprikaschote in kleine Würfel schneiden und in dem Bratfett dünsten. Wasser dazugießen, Tomatenmark, Thymian, Majoran, Basilikum, Pfeffer, Cayennepfeffer, ausgepreßte Knoblauchzehe, Zucker und Sahne dazugeben, aufkochen, Knorr Jägersoße, Instant, unter Rühren einstreuen. Mit Courvoisier abschmecken.

Kasseler „à la Bretonne"

Zutaten:

1 kleine Zwiebel	2 Knoblauchzehen
$1/8$ Liter Wasser	1 Eßlöffel Sahne
$1/4$ Liter Weißwein	2 Kaffeelöffel Kapern
Thymian, Kümmel	1 Beutel Knorr Tomatensoße, Instant
frisch gemahlener Pfeffer	1 Kaffeelöffel feingeschnittener
1 Prise Zucker	Schnittlauch

Zwiebel in kleine Würfel schneiden, in dem Bratfett dünsten. Wasser und Wein dazugießen, Thymian, Kümmel, Pfeffer, Zucker, ausgepreßte Knoblauchzehen, Sahne und Kapern dazugeben, aufkochen, Knorr Tomatensoße, Instant, unter Rühren einstreuen. Schnittlauch darüberstreuen.

Neue Schweinefleisch-Ideen

Schinken

---

4 je 1 cm dicke (125 g) Scheiben Schinken in 2–3 Eßlöffel Öl oder 20–30 g Butter braten (oder grillen) und würzen.

»Noch eine Scheibe, bitte«, sagte Jean Gabin freundlich, und meinte nicht nur den Schinken, sondern auch das Honorar für seinen nächsten Filmvertrag.

Schinken „à la Bordelaise"

Zutaten:

1 Eßlöffel gehackte Schalotten
³/₈ Liter Bordeaux, 1 Lorbeerblatt
1 Prise Cayennepfeffer, Thymian
2 Kaffeelöffel Zucker

2 Knoblauchzehen
2–3 Eßlöffel Sahne
1 Beutel Knorr Feinkost-Soße
zum Braten, Instant
Pfeffer

Schalotten in dem Bratfett dünsten. Bordeaux, Lorbeerblatt, Cayenne-pfeffer, Thymian, Zucker, ausgepreßte Knoblauchzehen und Sahne dazu-geben, aufkochen. Knorr Feinkost-Soße zum Braten, Instant, unter Rühren einstreuen. Mit Pfeffer abschmecken.

Neue Schweinefleisch-Ideen

Braten Haxe

750—1000 g Keule (auch Keule mit Schwarte), Nacken, Karree, Haxe, Bauch gefüllt, Rippe gefüllt oder Kasseler würzen, mit wenig Öl in der Pfanne oder auf dem Rost im Backofen etwa 60—90 Minuten garen. Bratensatz mit Wasser lösen.

Braten „Provence"

Zutaten:

Wasser
1/8 Liter Bordeaux
2 Zwiebeln
1 Knoblauchzehe, Cayennepfeffer
1—2 Kaffeelöffel Herbes de Provence
1 Eßlöffel saure Sahne

1 Beutel Knorr Feinkost-Soße zum Braten, Instant

Bratenfond mit Wasser zu 1/4 Liter auffüllen, Bordeaux dazugießen, feingehackte Zwiebeln, ausgepreßte Knoblauchzehe, Cayennepfeffer, Herbes de Provence und Sahne dazugeben, kurz kochen und Knorr Feinkost-Soße zum Braten, Instant, unter Rühren einstreuen.

Haxe „Maestro"

Zutaten:

Wasser, 1 Kaffeelöffel Zucker
1 Eßlöffel Essig, Saft von 1/2 Zitrone
1 Würfel Knorr Bratensaft (1/4 Liter)
1/8 Liter Weißwein
2 gestrichene Eßlöffel Mondamin
3 Eßlöffel Cincano dry weiß
2 Eßlöffel gehackte Kräuter
(Petersilie, Schnittlauch, Kerbel)

Man muß nicht so reich sein wie Agha Khan, um diese Haxe genießen zu können.

Bratenfond mit Wasser zu 3/8 Liter auffüllen. Zucker, Essig, Zitronensaft dazugeben, aufkochen, Knorr Bratensaft und in Wein angerührtes Mondamin dazugeben, unter Rühren aufkochen. Mit Cincano abschmecken und Kräuter darüberstreuen.

Neue Schweinefleisch-Ideen

Koteletts

4 Scheiben aus dem Kotelettstück (Schweinerücken mit Rippe)
in 3 Eßlöffel Öl oder 30 g Butter braten (oder grillen) und würzen.

Koteletts „à la Toulousaine"

Zutaten:

1 Dose Morcheln (etwa 120 g)
1/4 Liter Wasser
2 Kaffeelöffel Zucker
1 Prise Oregano
1 Prise Thymian, Pfeffer

1 Beutel Knorr Rahmsoße zum Braten, Instant
3 Eßlöffel Weißwein
1 Eßlöffel Cognac
1 Kaffeelöffel feingeschnittener
Schnittlauch

Abgetropfte Morcheln in Scheiben schneiden und in dem Bratfett andünsten. Wasser dazugießen, Zucker, Oregano, Thymian und Pfeffer
dazugeben, aufkochen, Knorr Rahmsoße zum Braten, Instant, unter Rühren einstreuen, mit Weißwein und Cognac abschmecken und Schnittlauch
darüberstreuen.

Koteletts „à la Richelieu"

(Vor dem Braten mit gemahlenem Kümmel einreiben)

Zutaten:

1 Dose Pfifferlinge oder
Champignons (etwa 60 g)
1 Eßlöffel gehackte Petersilie
1/4 Liter Wasser
Pfeffer, Cayennepfeffer
4 Kaffeelöffel Zucker

1 Kaffeelöffel scharfer Senf
1 Eßlöffel gehackte Anchovis
1 Beutel Knorr Rahmsoße zum
Braten, Instant
3 Eßlöffel Weißwein
1 Eßlöffel Grand Marnier

Abgetropfte Pfifferlinge oder Champignons und Petersilie in dem Bratfett
dünsten, Wasser dazugießen, Pfeffer, Cayennepfeffer, Zucker, Senf,
Anchovis dazugeben, aufkochen und Knorr Rahmsoße zum Braten,
Instant, unter Rühren einstreuen. Mit Weißwein und Grand Marnier
abschmecken.

Neue Schweinefleisch-Ideen

Leber

4 Scheiben Leber, je etwa 150 g, in 3—4 Eßlöffel Öl oder 30—40 g Butter braten (oder grillen) und würzen.

Leber „Bourgeoise"

Zutaten:

125 g Zwiebeln, 250 g Äpfel
1/4 Liter Wasser
Cayennepfeffer, Pfeffer, Curry
2 Eßlöffel Sahne

1 Kaffeelöffel Preiselbeeren
1 Beutel Knorr Feinkost-Soße
zum Braten, Instant
1—2 Eßlöffel Bordeaux

Zwiebeln in Ringe, Äpfel in Würfel schneiden und in dem Bratfett dünsten. Wasser dazugießen, mit Cayennepfeffer, Pfeffer, Curry, Sahne und Preiselbeeren aufkochen, Knorr Feinkost-Soße zum Braten, Instant, unter Rühren einstreuen. Mit Bordeaux abschmecken.

Leber „à la Provençale aux Herbes de Provence"

Zutaten:

1 Zwiebel
2 Eßlöffel gehackte Petersilie
2 Eßlöffel feingeschnittener
Schnittlauch
1 Knoblauchzehe

1/4 Liter Wasser
2 Eßlöffel Herbes de Provence
Paprika, Pfeffer
1 Beutel Knorr Soße zum
Schmorbraten, Instant

In Würfel geschnittene Zwiebel, Petersilie, Schnittlauch und ausgepreßte Knoblauchzehe in dem Bratfett dünsten. Wasser dazugießen, mit Herbes de Provence, Paprika und Pfeffer aufkochen, Knorr Soße zum Schmorbraten, Instant, unter Rühren einstreuen.

Wildschweinragout »au Cassoulet«, Rezept s. Seite 70

LAS VEGAS

Sommer 1970,
La Tropicana

Es gibt die einarmigen
Banditen. Es gibt die rasselnden
Roulette-Tische. Es gibt die Karten-
und Würfeltische. Es gibt die großen,
funkelnden Hotels, die glitzernden Bars,
und die spritzigen Shows.

Und manchmal gibt es auch Giovanni
Cavestri. Das sind dann die Tage,
an denen Sammy Davis Jun. bereit ist,
seinen Auftritt zu vergessen.
Für Giovanni's Hummerschwänze —
und das Menu nebenan
zum Beispiel.

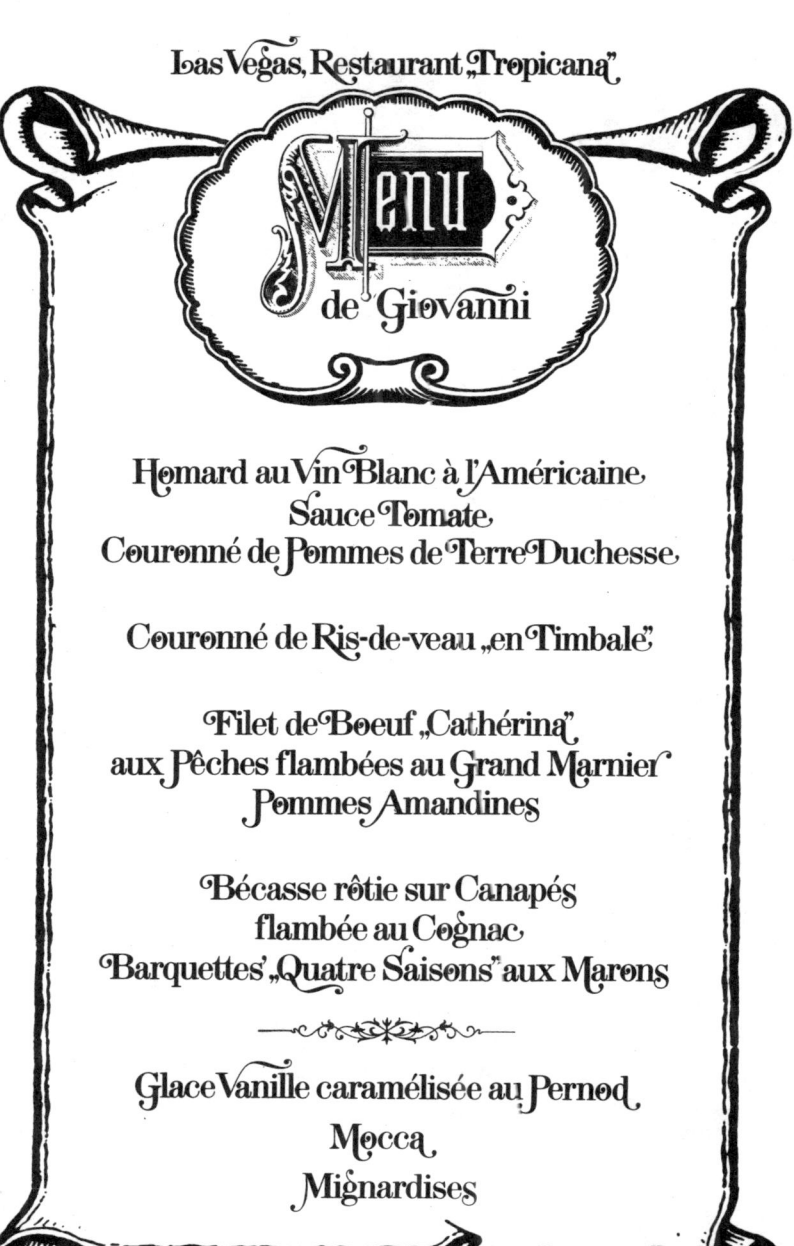

Las Vegas, Restaurant „Tropicana"

Menu

de Giovanni

Homard au Vin Blanc à l'Américaine,
Sauce Tomate,
Couronné de Pommes de Terre Duchesse,

Couronné de Ris-de-veau „en Timbale",

Filet de Boeuf „Cathérina"
aux Pêches flambées au Grand Marnier
Pommes Amandines

Bécasse rôtie sur Canapés
flambée au Cognac
Barquettes „Quatre Saisons" aux Marons

Glace Vanille caramélisée au Pernod
Mocca
Mignardises

Bitte, lesen Sie auf den Seiten 95/96 wie das Menu zubereitet wird.

Neue Schweinefleisch-Ideen

Nieren

500 g Nieren. Fett und Röhren entfernen.
Nieren in dicke Scheiben schneiden. In 30 g Butter kurz braten.

Nieren „à l'Jle de Java"

Zutaten:

1/4 Liter Wasser
2 Eßlöffel in Scheiben geschnittene Champignons
2 Eßlöffel feingeschnittener Schnittlauch
1 Prise Cayennepfeffer
Pfeffer, Estragon
2 Eßlöffel Mandelblättchen
2 Eßlöffel Rosinen
1 Beutel Knorr Rahmsoße zum Braten, Instant
2 Eßlöffel Curaçao

Bratensatz mit Wasser lösen. Champignons, Schnittlauch, Cayennepfeffer, Pfeffer, Estragon, Mandelblättchen und Rosinen dazugeben, aufkochen, Knorr Rahmsoße zum Braten, Instant, unter Rühren einstreuen. Mit Curaçao abschmecken.

Steaks

*4 je 1 cm dicke (150 g) Scheiben aus der Keule in 3 Eßlöffel Öl braten
(oder grillen) und würzen.*

Filetbraten

1—2 Filets oder Lendchen würzen, in 3—4 Eßlöffel Öl braten (oder grillen).

Schmorbraten

*750—1000 g Filet, Nacken (Kamm), Keule, Schulter
würzen, in 3—4 Eßlöffel Öl anbraten, wenig Wasser dazugießen
und etwa 60—90 Minuten garen.*

Gulasch

500 g Schulter in Würfel schneiden und in 3 Eßlöffel Öl anbraten.

Rouladen

*4 Scheiben aus der Keule, je 125 g, würzen, nach Belieben füllen,
in 2—3 Eßlöffel Öl anbraten,
wenig Wasser dazugießen und etwa 40 Minuten garen.*

Soßen siehe Rind

Lamm- und Hammel-Anregungen

Ragout

*500 g Brust, Schulter, Kamm oder Bauch
in Würfel schneiden und in 3 Eßlöffel Öl anbraten, würzen,
wenig Wasser dazugießen und garen.*

Ragout „Madrilène"

Zutaten:

Wasser	1 gestrichener Eßlöffel Zucker
1 Eßlöffel gehackte Petersilie	Pfeffer, Thymian
3—4 Knoblauchzehen	1 Kaffeelöffel Muskat
1—2 Eßlöffel saure Sahne	1 Beutel Knorr Feinkost-Soße zum
1 Kaffeelöffel Senf	Braten, Instant
	3 Eßlöffel Bordeaux

Bratenfond mit Wasser zu $^3/_8$ Liter auffüllen. Petersilie, ausgepreßte Knoblauchzehen, Sahne, Senf, Zucker, Pfeffer, Thymian und Muskat dazugeben, aufkochen, Knorr Feinkost-Soße zum Braten, Instant, unter Rühren einstreuen. Mit Bordeaux abschmecken.

*Sehr gut — Monsieur!
und jetzt die kleine Müsic reinmachen!*

Lamm- und Hammel-Anregungen

Steaks

*8 je etwa 70 g Scheiben aus der Keule, in etwa 3 Eßlöffel Öl oder
30 g Butter braten (oder grillen) und würzen.*

Steaks „à l'Jndienne"

Zutaten:

1/4 Liter Wasser
2 Knoblauchzehen
1 Kaffeelöffel Herbes de Provence
2 Eßlöffel Sahne
1 Kaffeelöffel Senf
2 Kaffeelöffel Curry
2 Kaffeelöffel Zucker
Pfeffer
1 Beutel Knorr Helle Soße, Instant

1—2 Eßlöffel Pernod
1 Eßlöffel gehackte Petersilie

Bratensatz mit Wasser lösen, ausgepreßte Knoblauchzehen, Herbes de
Provence, Sahne, Senf, Curry, Zucker und Pfeffer dazugeben, aufkochen,
Knorr Helle Soße, Instant, unter Rühren einstreuen. Mit Pernod ab-
schmecken und Petersilie darüberstreuen.

Lamm- und Hammel-Anregungen

Koteletts

4 Scheiben aus dem Rücken in etwa 3 Eßlöffel Öl oder 30 g Butter braten (oder grillen) und würzen.

Koteletts „Carignan"

Zutaten:

2 Tomaten	2 Eßlöffel Sahne
3–4 Knoblauchzehen	$\frac{1}{4}$ Liter Wasser
20 g Butter	1 Beutel Knorr Tomatensoße, Instant
Pfeffer, Cayennepfeffer, Basilikum,	4 Eßlöffel Rotwein
Thymian	1 Eßlöffel feingehackte Petersilie
1 Kaffeelöffel Zucker	2 Kaffeelöffel Semmelbrösel
	50 g geriebener Käse (Gouda)

Tomaten abziehen, in Würfel schneiden, Knoblauchzehen auspressen und in Butter andünsten. Pfeffer, Cayennepfeffer, Basilikum, Thymian, Zucker darüberstreuen, Sahne und Wasser dazugeben, aufkochen und Knorr Tomatensoße, Instant, unter Rühren einstreuen. Mit Rotwein und Petersilie abschmecken, Semmelbrösel und Käse darüberstreuen und unter dem Grill überbacken.

Lamm- und Hammel-Anregungen

Keule

750—1000 g Rücken, gefüllte Brust, Keule mit und ohne Knochen, oder
Filet würzen, mit wenig Öl in der Pfanne oder auf dem Rost im Backofen
etwa 60—80 Minuten garen. Bratensatz mit Wasser lösen.

Hammelkeule „à la Jurassienne"

Zutaten:

Wasser, 2—3 Knoblauchzehen
Pfeffer, Thymian, Basilikum
1/2 Kaffeelöffel Curry

1 Prise Zucker
1 Beutel Knorr Helle Soße, Instant
2 Eßlöffel Armagnac
3 Eßlöffel Weißwein

Bratenfond mit Wasser zu ³/₈ Liter auffüllen. Ausgepreßte Knoblauchzehen, Pfeffer, Thymian, Basilikum, Curry und Zucker dazugeben, aufkochen, Knorr Helle Soße, Instant, unter Rühren einstreuen. Mit Armagnac
und Weißwein abschmecken.

> Mit dieser Hammelkeule sind bei diplomatischen Essen
> schon Milliarden-Geschäfte besiegelt worden. »Spanisches Feuer
> beflügelt Kopf«, behauptet Giovanni Cavestri.

Hammelkeule „Andalouse"

Zutaten:

Wasser, 2 Tomaten
Cayennepfeffer, Pfeffer, Kümmel
2 Kaffeelöffel Zucker
1 Kaffeelöffel Senf
1 Eßlöffel gehackte Petersilie

1 Eßlöffel feingeschnittener
Schnittlauch, 1 Glas Bordeaux
1 Beutel Knorr Tomatensoße, Instant
1 Eßlöffel Whisky
1 Eßlöffel Sahne

Bratenfond mit Wasser zu ³/₈ Liter auffüllen. Abgezogene, in Würfel
geschnittene Tomaten, Cayennepfeffer, Pfeffer, Kümmel, Zucker, Senf,
Petersilie, Schnittlauch und Bordeaux dazugeben, aufkochen, Knorr Tomatensoße, Instant, unter Rühren einstreuen. Mit Whisky und Sahne
abschmecken.

Lamm- und Hammel-Anregungen

Braten Karree

Lammbraten „à la Normande"

Zutaten:

1 Zwiebel
1 Eßlöffel gehackte Petersilie
2 Knoblauchzehen
30 g Butter
Wasser
2 Lorbeerblätter
4 Nelken

1 Kaffeelöffel Kümmel
Rosmarin
1 Beutel Knorr Helle Soße, Instant
Pfeffer
2 Kaffeelöffel Zucker
3 Eßlöffel Weißwein
2 Eßlöffel Gin

Zwiebel in kleine Würfel schneiden, mit Petersilie und ausgepreßten Knoblauchzehen in Butter dünsten. Bratenfond mit Wasser zu $^3/_8$ Liter auffüllen, dazugießen, Lorbeerblätter, Nelken, Kümmel und Rosmarin dazugeben, aufkochen, Knorr Helle Soße, Instant, unter Rühren einstreuen. Mit Pfeffer, Zucker, Weißwein und Gin abschmecken.

Hammel-Karree „Marie Stuart"

Zutaten:

750—1000 g Lamm- oder
Hammelrücken
Petersilie, Knoblauchzehe
Paniermehl, Salz, Pfeffer, Basilikum
$^3/_8$ Liter Wasser
1 Beutel Knorr Soße zum
Schmorbraten, Instant
2 Eßlöffel Whisky

Fett in einem Stück vom Fleisch lösen. Feingehackte Petersilie, ausgepreßte Knoblauchzehe, Paniermehl, Salz, Pfeffer und Basilikum mischen, Fleisch damit einreiben, Fettscheibe darauflegen und auf dem Rost im Backofen etwa 20—30 Minuten garen. Bratensatz mit Wasser lösen, aufkochen, Knorr Soße zum Schmorbraten, Instant, unter Rühren einstreuen und mit Whisky, Pfeffer und Basilikum abschmecken.

Putenschnitzel »à la Jurassienne«, Rezept s. Seite 64 ▷

Spannendes für Geflügel
Hähnchen

500 g Hähnchenbrüste in 3—4 Eßlöffel Öl oder 30—40 g Butter braten und würzen.

Hähnchenbrust „Napolitaine"

Zutaten:

¹/₄ Liter Wasser
Pfeffer, Cayennepfeffer
1 Prise Salbei, 2 Knoblauchzehen
Oregano, 1 Eßlöffel Zucker

2 Gläser Weißwein
3 Eßlöffel Rosinen
1 Beutel Knorr Rahmsoße zum
Braten, Instant

Bratensatz mit Wasser lösen, Pfeffer, Cayennepfeffer, Salbei, ausgepreßte Knoblauchzehen, Oregano, Zucker und in Weißwein eingeweichte Rosinen dazugeben, aufkochen, Knorr Rahmsoße zum Braten, Instant, unter Rühren einstreuen.

Hühnerfrikassee:
1 Suppenhuhn (etwa 1 kg) in 1 Liter Knorr klare Hühnersuppe eineinhalb bis zwei Stunden kochen.
Haut und Knochen ablösen, Fleisch in Würfel schneiden. Warmstellen.

Huhn „Belle Hélène"

Zutaten:

¹/₄ Liter Hühnerbrühe
2 Eßlöffel Kapern
2 Kaffeelöffel gehackte Petersilie
1 Kaffeelöffel Zucker
2 Eßlöffel Sahne
Pfeffer
1 Beutel Knorr Helle Soße, Instant
3—4 Eßlöffel Weißwein
Marsala

Hühnerbrühe mit Kapern, Petersilie, Zucker, Sahne und Pfeffer aufkochen, Knorr Helle Soße, Instant, unter Rühren einstreuen. Mit Weißwein und Marsala abschmecken und über das Fleisch geben.

Spannendes für Geflügel

Hähnchen

500—750 g Hähnchenschlegel mit Salz, Pfeffer, Paprika würzen und in 3—4 Eßlöffel Öl oder 30—40 g Butter braten.

Hähnchenschlegel „Alexandra"

Zutaten:

2 Eßlöffel Gin, 2 Eßlöffel Sahne
1/4 Liter Wasser
1 Kaffeelöffel geschnittener
Schnittlauch, 1 Knoblauchzehe

Pfeffer, Oregano
2 Kaffeelöffel Zucker
1 Beutel Knorr Jägersoße, Instant
2 Eßlöffel Bordeaux

Hähnchenschlegel mit Gin übergießen und flambieren. Herausnehmen und warmstellen. Sahne und Wasser dazugießen, mit Schnittlauch, ausgepreßter Knoblauchzehe, Pfeffer, Oregano und Zucker aufkochen, Knorr Jägersoße, Instant, unter Rühren einstreuen. Mit Bordeaux abschmecken. Soße über die Hähnchenschlegel geben.

Hähnchenschlegel „Archiduc"

Zutaten:

3—4 Eßlöffel Cognac oder
Whisky, 3—4 Eßlöffel Sahne
1/4 Liter Wasser
2 Kaffeelöffel Zucker

1 Kaffeelöffel Senf
1 Prise Cayennepfeffer
1 Beutel Knorr Helle Soße, Instant
2 Eßlöffel Weißwein
gehackte Petersilie

Hähnchenschlegel mit Cognac oder Whisky übergießen und flambieren. Herausnehmen und warmstellen. Sahne und Wasser dazugießen, mit Zucker, Senf und Cayennepfeffer aufkochen, Knorr Helle Soße, Instant, unter Rühren einstreuen. Mit Weißwein abschmecken. Soße über die Hähnchenschlegel geben und mit Petersilie bestreuen.

Spannendes für Geflügel

Hähnchen

Gegrilltes Hähnchen „Bastian"

Zutaten:

30 g Butter
Salz, Pfeffer, Rosmarin, Oregano
1 Hähnchen (etwa 1000 g)
1 Apfel
1 Glas Weißwein

Wasser
1 Kaffeelöffel Zucker
1 Prise Cayennepfeffer
etwa 2 Eßlöffel Knorr Delikatess-
Sauce zum Braten (Tube)
1 Eßlöffel Grand Marnier

Butter mit Salz, Pfeffer, Rosmarin und Oregano vermischen, Hähnchen innen und außen damit einreiben und mit Apfel füllen. Hähnchen auf den Grillspieß geben und im vorgeheizten Grill ca. 40 Minuten grillen. Mit Weißwein übergießen. Grillfond mit Wasser zu $3/8$ Liter auffüllen und mit Zucker und Cayennepfeffer aufkochen, Knorr Delikatess-Sauce zum Braten einrühren und mit Grand Marnier abschmecken.

Gegrilltes Hähnchen „Curnonsky"

Zutaten:

30 g Butter
Salz, Pfeffer, Rosmarin, Oregano
1 Hähnchen (etwa 1000 g)
1 Orange
1 Glas Weißwein
Wasser
Pfeffer, Cayennepfeffer, Oregano

2 Kaffeelöffel Senf
1 Eßlöffel bittere Orangenmarmelade
1 Orange (ungespritzt)
2 Eßlöffel Sahne
1 Würfel Knorr Soße
zum Braten, Instant
1 Eßlöffel Grand Marnier

Butter mit Salz, Pfeffer, Rosmarin, Oregano vermischen, Hähnchen innen und außen damit einreiben und mit gut geschälter Orange füllen. Hähnchen auf den Grillspieß geben und im vorgeheizten Grill etwa 40 Minuten grillen. Mit Weißwein übergießen. Grillfond mit Wasser zu $3/8$ Liter auffüllen. Pfeffer, Cayennepfeffer, Oregano, Senf, Orangenmarmelade, Orangensaft, in feine Streifen geschnittenes Gelb der Orangenschale, Sahne dazugeben, aufkochen, Knorr Soße zum Braten, Instant, unter Rühren einstreuen und mit Grand Marnier abschmecken.

Spannendes für Geflügel

Leber

500 g Geflügelleber in 3—4 Eßlöffel Öl oder 30—40 g Butter braten und würzen.

Geflügelleber „Bordelaise"

Zutaten:

2 Zwiebeln
1 Dose Pfifferlinge (etwa 110 g)
Pfeffer, Paprika
1/8 Liter Bordeaux

1/8 Liter Wasser
1 Beutel Knorr Feinkost-Soße
zum Braten, Instant
Petersilie

Zwiebeln in kleine Würfel schneiden. Abgetropfte Pfifferlinge dazugeben und dünsten. Pfeffer und Paprika darüberstreuen. Bordeaux und Wasser dazugießen, aufkochen, Knorr Feinkost-Soße zum Braten, Instant, unter Rühren einstreuen. Feingehackte Petersilie darüberstreuen.

Spannendes für Geflügel

Gans

500 g Gänsebrust mit Salz, Pfeffer, Beifuß würzen und in 3—4 Eßlöffel Öl anbraten, wenig Wasser dazugießen und etwa eine Stunde garen.

Gänsebrust „à la Reims"

Zutaten:

Wasser, Pfeffer, Beifuß, Thymian	etwas Weinessig
Majoran, 1 Prise Cayennepfeffer	Saft von 1 Zitrone, Schnittlauch
3—4 Schalotten	1 Beutel Knorr Feinkost-Soße
4—5 Eßlöffel halbierte, entkernte	zum Braten, Instant
Weintrauben, 2 Kaffeelöffel Zucker	3—4 Eßlöffel Bordeaux

Bratenfond mit Wasser zu ³/₈ Liter auffüllen, Pfeffer, Beifuß, Thymian, Majoran, Cayennepfeffer, in Würfel geschnittene Schalotten, Weintrauben, Zucker, Weinessig, Zitronensaft und feingeschnittenen Schnittlauch dazugeben, kurz kochen, Knorr Feinkost-Soße zum Braten, Instant, unter Rühren einstreuen. Mit Bordeaux abschmecken.

Spannendes für Geflügel

Ente

1 Ente, 2—3 kg, innen und außen würzen
und auf dem Rost im Backofen etwa zweieinhalb bis drei Stunden garen.
Bratensatz mit Wasser lösen.

Ente „à la Malgache"

Zutaten:
Weißwein
2 Eßlöffel Zucker
1 Eßlöffel grüner Pfeffer
4—5 Eßlöffel Sahne
Saft von $\frac{1}{2}$ Zitrone
1—2 Kaffeelöffel Senf
1 Beutel Knorr Helle Soße, Instant
3 Eßlöffel Whisky
Pfeffersauce

> »Haben Sie Mut! Dann
> kommen Sie mit nach
> Saigon«, lächelte General Ky
> nach einer gelungenen
> Cavestri-Ente. Giovanni hatte.
> Er kochte zwei Monate
> für Südvietnams Regierung.

Bratenfond mit Weißwein zu $\frac{3}{8}$ Liter auffüllen und mit Zucker, grünem Pfeffer, Sahne, Zitronensaft, Senf aufkochen, Knorr Helle Soße, Instant, unter Rühren einstreuen. Mit Whisky und evtl. Pfeffersauce abschmecken.

Ente „à l'Angelus"

Zutaten:
Wasser, Pfeffer, Rosenpaprika
Beifuß, Majoran, 1 Eßlöffel Zucker
3 Eßlöffel Perlzwiebeln
2—3 Eßlöffel Sahne
Saft von $\frac{1}{2}$ Orange
1 Beutel Knorr Feinkost-Soße
zum Braten, Instant
2 Eßlöffel Cointreau

Bratenfond mit Wasser zu $\frac{3}{8}$ Liter auffüllen und mit Pfeffer, Rosenpaprika, Beifuß, Majoran, Zucker, Perlzwiebeln, Sahne, Orangensaft aufkochen, Knorr Feinkost-Soße zum Braten, Instant, unter Rühren einstreuen. Mit Cointreau abschmecken.

Spannendes für Geflügel. Pute.

1 oder 2 Putenschlegel (etwa 750 g) mit Salz, Pfeffer, Paprika würzen und in 3—4 Eßlöffel Öl braten.

Putenschlegel „Hongroise"

Zutaten:

¼ Liter Wasser
Pfeffer, Cayennepfeffer
1—2 Pepperoni
2 Knoblauchzehen
1 Eßlöffel Zucker

3 Eßlöffel Sahne
2—3 Tropfen Tabasco
1 Eßlöffel Mango-Chutney
2—3 Eßlöffel Knorr Delikatess-Sauce zum Braten (Tube)
1—2 Eßlöffel Whisky

Bratensatz mit Wasser lösen, Pfeffer, Cayennepfeffer, feingehackte Pepperoni, ausgepreßte Knoblauchzehen, Zucker, Sahne, Tabasco und Mango-Chutney (evtl. in Würfel geschnitten) dazugeben, aufkochen, Knorr Delikatess-Sauce zum Braten einrühren und mit Whisky abschmecken.

Spannendes für Geflügel
Pute

4 Putenschnitzel, je 100—125 g, in 30 g Butter braten und würzen.

Putenschnitzel „à la Jurassienne"

Zutaten:

1/4 Liter Wasser
4 Eßlöffel Aprikosensaft
2—3 Kaffeelöffel Zucker
2—3 Eßlöffel Sahne
Pfeffer, Paprika, Cayennepfeffer
Oregano

1 Beutel Knorr Tomatensoße, Instant
8 Aprikosenhälften
2 Eßlöffel Grand Marnier
2 Eßlöffel Bordeaux
Petersilie

Bratensatz mit Wasser lösen, Aprikosensaft, Zucker, Sahne, Pfeffer, Paprika, Cayennepfeffer und Oregano dazugeben, aufkochen, Knorr Tomatensoße, Instant, unter Rühren einstreuen. Aprikosenhälften dazugeben. Mit Grand Marnier und Bordeaux abschmecken. Mit gehackter Petersilie bestreuen.

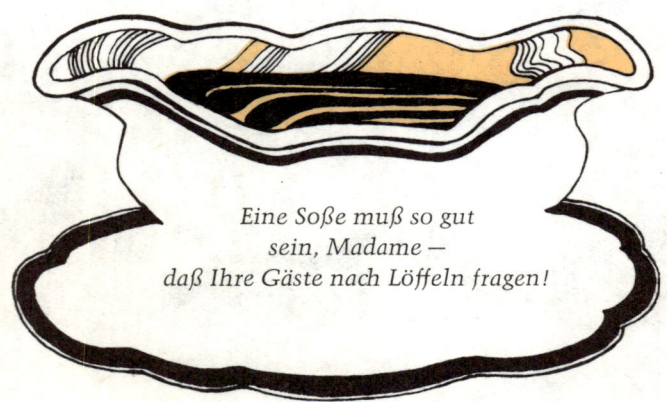

*Eine Soße muß so gut
sein, Madame —
daß Ihre Gäste nach Löffeln fragen!*

Fasan »Victor«, Rezept s. Seite 72 ▷

Brüssel

Frühling 1968

Rue du Bailly
Eine Prinzessin, wie Paola von Belgien, ist für
ein Eßrestaurant eine Aufregung. Und ein
Grand-Prix-Fahrer wie Jacky Ickx auch. Und eine
Chanson-Sängerin wie Mireille Mathieu auch.

Wenn es also danach ginge, hätte Giovanni Cavestri und
sein Restaurant ›Le Gourmet‹ in der kleinen Rue du Bailly in Brüssel
jeden Tag vor Aufregung in Ohnmacht fallen müssen. Daß sie
nie gefallen sind, liegt vielleicht daran, daß dort jeden Tag
berühmte Leute aßen. Man gewöhnte sich daran. C'est ça.
Denn im feinschmeckerischen Brüssel gab es keinen heißeren
Geheimtip für raffiniertes Essen als Giovanni's ›Le Gourmet‹.
Respect! Aber . . . goûtez vous-même!

Ein Jacky Ickx-Menu
aus den goldenen Brüsseler Tagen
steht nebenan.

Bruxelles, Restaurant „Le Gourmet".

de Giovanni

Huîtres Jmpériales et Champagne

Consommé Princesse,

Turbot poché au Vin Blanc,
Sauce Estragon,

Filet de Boeuf au Poivre Vert de Madagascar
flambé au Whisky
Crème Moutardée,
Riz á la Créole,

Jrish Coffee,
Mignardises

Bitte, lesen Sie auf den Seiten 97/98 wie das Menu zubereitet wird.

Tips für Wild
Reh

8 je 70 g Scheiben aus Rücken (dann schräg geschnitten) oder Keule, klopfen und in 3 Eßlöffel Öl oder 30 g Butter braten (oder grillen) und würzen.

Rehmedaillons „Bonne Femme"

Zutaten:

1/4 Liter Wasser
Pfeffer, Thymian, Rosmarin
1 Lorbeerblatt
1 Eßlöffel feingehackte Petersilie
1 Eßlöffel Zucker, 1 Knoblauchzehe
1 Kaffeelöffel Wacholderbeeren
(über Nacht in Weißwein
einweichen)

1 Eßlöffel Mango Chutney
3 Eßlöffel Sahne
etwa 2 Eßlöffel Knorr Delikatess-
Sauce zum Braten (Tube)
2 Eßlöffel Portwein
1 Eßlöffel Grand Marnier

Bratensatz mit Wasser lösen, Pfeffer, Thymian, Rosmarin, Lorbeerblatt, Petersilie, Zucker, ausgepreßte Knoblauchzehe, Wacholderbeeren, Mango Chutney und Sahne dazugeben, aufkochen, Knorr Delikatess-Sauce zum Braten einrühren und mit Portwein und Grand Marnier abschmecken.

Rehmedaillons „Sauce Exotique"

Zutaten:

1 Zwiebel
1/8 Liter Wasser
1/8 Liter Madeira
1 gestrichener Eßlöffel Herbes
de Provence
etwas Oregano zusätzlich

Pfeffer
1 gestrichener Eßlöffel Zucker
1 Orange (ungespritzt)
Schale einer Zitrone (ungespritzt)
1 Beutel Knorr Rahmsoße
zum Braten, Instant
4 Eßlöffel Rotwein

Zwiebel feinhacken und in dem Bratfett dünsten. Wasser und Madeira dazugießen, Herbes de Provence, Oregano, Pfeffer, Zucker dazugeben. Orange schälen und in Scheiben schneiden. Das Gelbe der Orangen- und Zitronenschale in feine Streifen schneiden, mit Orangenscheiben beifügen, aufkochen, Knorr Rahmsoße zum Braten, Instant, unter Rühren einstreuen und mit Rotwein abschmecken.

Tips für Wild   Reh

500 g Rehfleisch vom Blatt in Würfel schneiden und in 3—4 Eßlöffel Öl anbraten, wenig Wasser dazugießen und garen.

Bei diesem nicht ganz alltäglichen Reh verliebte sich die nicht ganz alltägliche Rita Hayworth in den nicht ganz alltäglichen Orson Welles.

Rehgulasch „Finlandaise"

Zutaten:
Wasser
1 Dose Pfifferlinge (etwa 150 g)
1 Kaffeelöffel Kümmel
1 Kaffeelöffel Muskat
Curry
2 Eßlöffel Sahne
2 Eßlöffel Knorr Delikatess-Sauce
zum Braten (Tube)

2 Eßlöffel Marsala

Bratenfond mit Wasser zu $3/8$ Liter auffüllen, abgetropfte, der Länge nach geschnittene Pfifferlinge, Kümmel, Muskat, Curry und Sahne dazugeben, aufkochen, Knorr Delikatess-Sauce zum Braten einrühren. Mit Marsala abschmecken.

*4 je 150 g Scheiben aus der Keule in etwa 3 Eßlöffel Öl
oder 30 g Butter braten (oder grillen) und würzen.*

Rehschnitzel „à la Bretonne"

Zutaten:

1 Zwiebel, 2 Tomaten
2 Knoblauchzehen
1 kleine Dose Morcheln (etwa 150 g)
1 Eßlöffel gehackte Petersilie
1/4 Liter Wasser
1 Kaffeelöffel Tomatenmark

Pfeffer, Zucker, 4 Eßlöffel Sahne
1 Beutel Knorr Feinkost-Soße
zum Braten, Instant
2 Eßlöffel Weißwein
1 Glas Kirschwasser

Zwiebel und abgezogene Tomaten in kleine Würfel schneiden mit ausgepreßten Knoblauchzehen, gehackten Morcheln und Petersilie in dem Bratfett dünsten. Wasser dazugießen, Tomatenmark, Pfeffer, Zucker und Sahne dazugeben, aufkochen, Knorr Feinkost-Soße zum Braten, Instant, unter Rühren einstreuen. Mit Weißwein und Kirschwasser abschmecken.

*750–1000 g Rehrücken würzen, mit wenig Öl
in der Pfanne oder auf dem Rost im Backofen etwa 50 Minuten garen.
Bratensatz mit Wasser lösen.*

Rehrücken „à la Perigueux"

Zutaten:

Wasser, 1 kleine Dose Pfifferlinge
1 Eßlöffel Tomatenmark
Pfeffer, Zucker, Cayennepfeffer

1 Beutel Knorr Rahmsoße
zum Braten, Instant
5 Eßlöffel Madeira

Bratenfond mit Wasser zu $^3/_8$ Liter auffüllen. Abgetropfte Pfifferlinge, Tomatenmark, Pfeffer, Zucker, Cayennepfeffer dazugeben, aufkochen, Knorr Rahmsoße zum Braten, Instant, unter Rühren einstreuen. Mit Madeira abschmecken.

Rehrücken „à l'Orange"

Zutaten:

Wasser
1 Eßlöffel geriebene Orangenschale
1–2 Eßlöffel bittere Orangen-
marmelade
1 Eßlöffel gehackte Petersilie

3 Eßlöffel saure Sahne
Pfeffer, Cayennepfeffer, Zucker
1 Beutel Knorr Feinkost-Soße
zum Braten, Instant
1 Eßlöffel Grand Marnier
3 Eßlöffel Bordeaux, 1 Orange

Bratenfond mit Wasser zu $^3/_8$ Liter auffüllen. Orangenschale, Orangen-marmelade, Petersilie, Sahne, Pfeffer, Cayennepfeffer und Zucker dazu-geben, aufkochen, Knorr Feinkost-Soße zum Braten, Instant, unter Rühren einstreuen. Mit Grand Marnier und Bordeaux abschmecken. Orange schälen, in Scheiben schneiden und Rehrücken damit garnieren.

*Während des Rehrückens »à l'Orange« schenkte
Richard Burton der teuersten Filmschauspielerin der Welt einen der
teuersten Diamanten der Welt.*

Tips für Wild — **Wildschwein**

500 g Hals in Würfel schneiden, in 3—4 Eßlöffel Öl braten und würzen.

Wildschweinragout „au Cassoulet"

Zutaten:

1 große geputzte Möhre	1 Kaffeelöffel Herbes de Provence
2 Knoblauchzehen	1 Eßlöffel Zucker
$^1/_8$ Liter Bordeaux	2 Eßlöffel saure Sahne
$^1/_4$ Liter Wasser	1 Dose weiße Bohnen (etwa 280 g)
Pfeffer	1 Beutel Knorr Soße zum Gulasch, Instant
	2 Eßlöffel Cognac

Möhre in kleine Würfel schneiden, Knoblauchzehen auspressen, dazugeben und dünsten, Bordeaux und Wasser dazugießen, Pfeffer, Herbes de Provence, Zucker, Sahne und Bohnen dazugeben, aufkochen, Knorr Soße zum Gulasch, Instant, unter Rühren einstreuen und mit Cognac abschmecken.

Tips für Wild — Wildschwein

750—1000 g Keule, Nacken oder Karree würzen, mit wenig Öl in der Pfanne oder auf dem Rost im Backofen etwa 60—90 Minuten garen. Bratensatz mit Wasser lösen.

Wildschweinkeule „à la Narbonne"

Zutaten:

2 Zwiebeln
1 Pepperoni
1 Knoblauchzehe
30 g Butter
Wasser
Pfeffer, Kümmel
2 Lorbeerblätter
2 Nelken

Rosmarin, Cayennepfeffer
$1/8$ Liter Weißwein
Saft von 1 Zitrone
3 Eßlöffel Preiselbeeren
1 Eßlöffel Zucker
1 Kaffeelöffel Senf
1 Beutel Knorr Soße zum Schmorbraten, Instant

Zwiebeln in Würfel schneiden, Pepperoni feinhacken und mit ausgepreßter Knoblauchzehe in Butter dünsten. Bratenfond mit Wasser zu $3/8$ Liter auffüllen, dazugießen. Pfeffer, Kümmel, Lorbeerblätter, Nelken, Rosmarin, Cayennepfeffer, Weißwein, Zitronensaft, Preiselbeeren, Zucker, Senf dazugeben, aufkochen und Knorr Soße zum Schmorbraten, Instant, unter Rühren einstreuen.

Wildschweinbraten „à la Chasseur"

Zutaten:

2 Schalotten, 2 Knoblauchzehen
10 g Butter, Wasser, Pfeffer
Rosenpaprika, Zucker
2 Eßlöffel klein geschnittene Mango-Chutney
2 Eßlöffel saure Sahne

1 Beutel Knorr Jägersoße, Instant
3 Eßlöffel Weißwein

Schalotten hacken und mit ausgepreßten Knoblauchzehen in Butter dünsten. Bratenfond mit Wasser zu $3/8$ Liter auffüllen, dazugießen, Pfeffer, Paprika, Zucker, Mango-Chutney und Sahne dazugeben, aufkochen und Knorr Jägersoße, Instant, unter Rühren einstreuen. Mit Weißwein abschmecken.

Tips für Wild — Fasan

1 Fasan, etwa 800 g, mit einer Mischung von 2 Kaffeelöffeln Zucker,
je 1 Kaffeelöffel Pfeffer und Salz und ½ Kaffeelöffel Paprika
innen und außen würzen, mit 1 Apfel füllen und mit dünnen frischen
Speckscheiben umwickeln. Auf dem Rost im Backofen
etwa 50 Minuten braten, Speck entfernen. Bratensatz mit Wasser lösen.

Fasan „à la Rothschild"

Zutaten:

Wasser
Pfeffer, Muskat
1 Lorbeerblatt
Oregano

3 Eßlöffel Sahne
3 Eßlöffel ganze Weintrauben
1 Beutel Knorr Feinkost-Soße
zum Braten, Instant
3 Eßlöffel Weißwein

Bratenfond mit Wasser zu ³/₈ Liter auffüllen. Pfeffer, Muskat, Lorbeerblatt, Oregano, Sahne und Weintrauben dazugeben, aufkochen, Knorr Feinkost-Soße zum Braten, Instant, unter Rühren einstreuen. Mit Weißwein abschmecken.

Fasan „Victor"

Zutaten:

Wasser
Pfeffer, Cayennepfeffer
2 Nelken
1 Prise Herbes de Provence
4 Eßlöffel Sahne
1 Kaffeelöffel Senf
2 Kaffeelöffel Zucker
3 Eßlöffel Sauerkirschen ohne Stein

1 Beutel Knorr Soße zum
Schmorbraten, Instant
Kirschwasser

Bratenfond mit Wasser zu ³/₈ Liter auffüllen. Pfeffer, Cayennepfeffer, Nelken, Herbes de Provence, Sahne, Senf, Zucker und Sauerkirschen dazugeben, aufkochen, Knorr Soße zum Schmorbraten, Instant, unter Rühren einstreuen. Mit Kirschwasser abschmecken.

Hecht »Corsika«, Rezept s. Seite 79 ▷

Brochet et Anguilles

Tips für Wild

Rebhuhn

4 Rebhühner, je etwa 250 g, innen und außen mit Öl bestreichen,
mit Salz, Pfeffer und Paprika würzen, mit ¹/₂ Apfel füllen
und mit Weinblättern umwickeln. Auf dem Rost im Backofen
25—30 Minuten braten. Bratensatz mit Wasser lösen.

Rebhuhn „à l'Arlesienne"

Zutaten:
Wasser
Pfeffer, Muskat
1 Lorbeerblatt
Oregano
3 Eßlöffel Sahne
3 Eßlöffel ganze Weintrauben
1 Beutel Knorr Feinkost-Soße
zum Braten, Instant
3 Eßlöffel Weißwein

Bratenfond mit Wasser zu ³/₈ Liter auffüllen. Pfeffer, Muskat, Lorbeerblatt, Oregano, Sahne und Weintrauben dazugeben, Knorr Feinkost-Soße zum Braten, Instant, unter Rühren einstreuen. Mit Weißwein abschmecken.

Rebhuhn „à la Bohème"

Zutaten:
Wasser, Pfeffer
2 Kaffeelöffel Zucker
1 Glas Cognac
1 Eßlöffel Wacholderbeeren

(über Nacht in 3 Eßlöffel
Bordeaux einweichen)
1 Beutel Knorr Rahmsoße
zum Braten, Instant
Cognac

Bratenfond mit Wasser zu ³/₈ Liter auffüllen. Pfeffer, Zucker, Cognac, Wacholderbeeren mit Bordeaux dazugeben, aufkochen, Knorr Rahmsoße zum Braten, Instant, unter Rühren einstreuen. Mit Cognac abschmecken.

Tips für Wild — Hase.

Hase über Nacht in ein mit Essig getränktes Tuch wickeln.
Tuch entfernen,
oder
Hasenrücken oder Hasenkeulen 24 Stunden in eine Beize aus Rotwein,
Lorbeerblatt, Petersilie, Suppengemüse und Nelken legen.
Fleisch mit Öl bestreichen und würzen,
auf dem Rost im Backofen etwa 45—60 Minuten garen.
Bratensatz mit Wasser lösen.

Hasenkeule „Perigord"

Zutaten:

Wasser
Pfeffer
2 Kaffeelöffel Zucker

4 Eßlöffel Sahne
etwa 2 Eßlöffel Knorr Delikatess-
Sauce zum Braten (Tube)
2 Eßlöffel Rotwein

Bratenfond mit Wasser zu $3/8$ Liter auffüllen, Pfeffer, Zucker und Sahne dazugeben, aufkochen und Knorr Delikatess-Sauce zum Braten einrühren. Mit Rotwein abschmecken.

Hasenkeule „Louis XV"

Zutaten:
Wasser, ⅛ Liter Bordeaux, Pfeffer
Thymian, 1 Messerspitze Rosmarin
2 Kaffeelöffel Zucker
1 Kaffeelöffel gehackte Petersilie
3 Eßlöffel kleingeschnittene
Pfifferlinge
4 Eßlöffel saure Sahne
1 Beutel Knorr Feinkost-Soße
zum Braten, Instant
2 Eßlöffel Cognac

Bratenfond mit Wasser zu ¼ Liter auffüllen, Bordeaux, Pfeffer, Thymian,
Rosmarin, Zucker, Petersilie, Pfifferlinge und Sahne dazugeben, aufkochen
und Knorr Feinkost-Soße zum Braten, Instant, unter Rühren einstreuen.
Mit Cognac abschmecken.

Hasenrücken „à la Gauloise"

Zutaten:

Wasser	1 Prise Cayennepfeffer
2 Eßlöffel in Scheiben geschnittene	Pfeffer
Champignons	1 Eßlöffel Zucker
2 Eßlöffel feingeschnittener	1 Würfel Knorr Bratensaft (¼ Liter)
Schnittlauch	1 Glas Madeira
2 Eßlöffel Rosinen	1—2 gestrichene Eßlöffel Mondamin
1 Eßlöffel saure Sahne	2 Eßlöffel Curaçao

Bratenfond mit Wasser zu ⅜ Liter auffüllen. Champignons, Schnittlauch,
Rosinen, Sahne, Cayennepfeffer, Pfeffer und Zucker dazugeben, aufkochen, Knorr Bratensaft und in Madeira angerührtes Mondamin dazugeben, unter Rühren aufkochen und mit Curaçao abschmecken.

Hasenrücken „Mode du Maquis"

Zutaten:

Wasser
4—5 Eßlöffel saure Sahne
1 Eßlöffel Zucker

Pfeffer, Cayennepfeffer
2 Eßlöffel Preiselbeeren
etwa 2 Eßlöffel Knorr Delikatess-
Sauce zum Braten (Tube)

Bratenfond mit Wasser zu $^3/_8$ Liter auffüllen. Sahne, Zucker, Pfeffer, Cayennepfeffer und Preiselbeeren dazugeben, aufkochen, Knorr Delikatess-Sauce zum Braten einrühren.

Hasenbraten „à la Cavestri"

Zutaten:

Wasser
3 Eßlöffel saure Sahne
Pfeffer, Cayennepfeffer
1 Eßlöffel Zucker
1 Würfel Knorr
Bratensaft ($^1/_4$ l)
1 Glas Madeira
1—2 gestrichene Eßlöffel
Mondamin

Bratenfond mit Wasser zu $^3/_8$ Liter auffüllen, Sahne, Pfeffer, Cayennepfeffer und Zucker dazugeben, aufkochen, Knorr Bratensaft und in Madeira angerührtes Mondamin dazugeben und unter Rühren aufkochen.

Phantasievolles mit Fisch

Fischsud Soße

Fischsud

*1 Liter Wasser mit Lorbeerblätter, Nelken,
Gewürzkörner, Zwiebel, in Streifen geschnittene Möhre, Salz,
Pfeffer und 3 Eßlöffeln Weißwein aufkochen.*

„Bechamel-Sauce"

Zutaten:
$\frac{1}{4}$ Liter Milch
30 g Butter
Salz, Pfeffer
1 Beutel Knorr Helle Soße, Instant
2 Eßlöffel Zitronensaft
$\frac{1}{8}$ Liter Sahne

Milch mit Butter, Salz und
Pfeffer aufkochen, Knorr Helle
Soße, Instant, unter Rühren
einstreuen und mit Zitronensaft
abschmecken. Sahne
steifschlagen und
darunterziehen.

Phantasievolles mit Fisch

Heilbutt

500–750 g Heilbuttschnitten im Fischsud etwa 10–15 Minuten ziehen lassen. Oder grillen.

Heilbutt „Artois"

Zutaten:

⅛ Liter Fischsud oder Wasser
⅛ Liter Weißwein
2 Eßlöffel Zucker

2 Eßlöffel Senf
Pfeffer, Cayennepfeffer
1 Beutel Knorr Helle Soße, Instant
Dill

Fischsud oder Wasser, Weißwein, Zucker, Senf, Pfeffer und Cayennepfeffer aufkochen, Knorr Helle Soße, Instant, unter Rühren einstreuen. Soße über den Fisch geben und mit feingehacktem Dill bestreuen.

Heilbutt „Montpellier"

Zutaten:

¼ Liter Fischsud oder Wasser
½ Glas Essig
2 Eigelb
40 g Butter
3 Schalotten

1 Eßlöffel Zitronensaft
Kerbel
Estragon
Pfeffer
3 Kaffeelöffel Zucker
1 Beutel Knorr Helle Soße, Instant

Fischsud oder Wasser mit Essig, Eigelb, Butter, feingehackten Schalotten, Zitronensaft, Kerbel, Estragon, Pfeffer und Zucker aufkochen, Knorr Helle Soße, Instant, unter Rühren einstreuen.

Heilbutt „Chambord"

Zutaten:

¼ Liter Fischsud oder Wasser
2 Eßlöffel Sahne
2 Eßlöffel scharfer Senf

1 Kaffeelöffel Kerbel
1 Eßlöffel Zucker
1 Eßlöffel Essig
1 Beutel Knorr Helle Soße, Instant

Fischsud oder Wasser mit Sahne, Senf, Kerbel, Zucker und Essig aufkochen, Knorr Helle Soße, Instant, unter Rühren einstreuen.

Phantasievolles mit Fisch

Hecht

4 Portionsstücke Hecht, je 200 g, in ¹/₂ Liter Knorr klare Delikatess Brühe etwa 10 Minuten ziehen lassen.

Hecht „Corsika"

Zutaten:

¹/₈ Liter Fischsud	2 Eßlöffel Orangensaft
¹/₈ Liter Weißwein, Salz, Pfeffer	2 Eßlöffel Sahne
3 Eßlöffel Essig	2 Kaffeelöffel Dill
1 Eßlöffel Zucker	1 Beutel Knorr Helle Soße, Instant

Fischsud und Weißwein mit Salz, Pfeffer, Essig, Zucker, Orangensaft, Sahne und Dill aufkochen und Knorr Helle Soße, Instant, unter Rühren einstreuen.

Phantasievolles mit Fisch

Seezunge

500 g Seezungenfilet im Fischsud 10 Minuten ziehen lassen. Oder grillen.

Seezunge „à l'Ambassadeur"

Zutaten:
500 g Champignons
30 g Butter
4 Eßlöffel Zitronensaft
2 Kaffeelöffel Zucker
3 Tropfen Tabasco
Pfeffer
1 Eßlöffel Sahne
$^{1}/_{2}$ Glas Weißwein
$^{1}/_{4}$ Liter Fischsud oder Wasser
1 Beutel Knorr Helle Soße, Instant
1 Eßlöffel gehackte Petersilie

Feingewiegte Champignons in Butter und Zitronensaft dünsten. Zucker, Tabasco, Pfeffer, Sahne, Weißwein und Fischsud oder Wasser dazugeben, aufkochen, Knorr Helle Soße, Instant, unter Rühren einstreuen. Petersilie darüberstreuen.

Seezunge „Deauvillaise"

Zutaten:
1 Eßlöffel feingehackte Zwiebeln
500 g Tomaten, 2 Eßlöffel Öl
$^{1}/_{8}$ Liter Fischsud, $^{1}/_{8}$ Liter Wasser
$^{1}/_{2}$ Glas Bordeaux
2 Kaffeelöffel Zucker
Pfeffer, Oregano
1 Eßlöffel gehackte Petersilie
1 Beutel Knorr Tomatensoße, Instant
1 Kaffeelöffel Butter

Zwiebeln und abgezogene, in kleine Würfel geschnittene Tomaten in Öl dünsten, Fischsud, Wasser und Bordeaux dazugießen, mit Zucker, Pfeffer, Oregano und Petersilie aufkochen, Knorr Tomatensoße, Instant, unter Rühren einstreuen. Kurz vor dem Servieren Butter einrühren.

Phantasievolles mit Fisch

Seezunge

Seezunge „à l'Alsacienne"

Zutaten:
1/4 Liter Milch
30 g Butter
Salz, Pfeffer
1 Beutel Knorr Helle Soße, Instant
2 Eßlöffel Zitronensaft
Weinessig, 75 g geriebener Käse
1/8 Liter Sahne
2 Eßlöffel Parmesankäse

Milch mit Butter, Salz und Pfeffer aufkochen, Knorr Helle Soße, Instant, unter Rühren einstreuen, mit Zitronensaft und Weinessig abschmecken. Käse und steifgeschlagene Sahne darunterziehen. Parmesankäse darüberstreuen.

Dean Martin findet, daß er nach dieser Seezunge immer besonders gut singen kann.

Seezunge „à la Hollandaise"

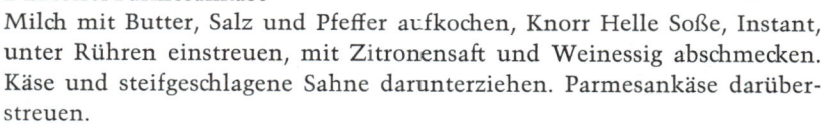

Zutaten:
1/4 Liter Fischsud oder Wasser
1 Eßlöffel Essig
1/2 Eßlöffel Zucker
frisch gemahlener Pfeffer
1 Eßlöffel gehackte Petersilie

3 Eßlöffel Sahne
1 Beutel Knorr Helle Soße, Instant
4 Eßlöffel Weißwein
Zitronensaft
1 Eigelb
1 Kaffeelöffel Butter

Fischsud oder Wasser mit Essig, Zucker, Pfeffer, Petersilie und Sahne aufkochen, Knorr Helle Soße, Instant, unter Rühren einstreuen. Mit Weißwein und Zitronensaft abschmecken, mit Eigelb legieren. Kurz vor dem Servieren Butter einrühren.

Phantasievolles mit Fisch

Karpfen

*1 Karpfen etwa 1¹/₂ kg in Portionsstücke teilen und im Fischsud
10—15 Minuten ziehen lassen.*

Karpfen „Brigitte"

Zutaten:
1 Zwiebel
¹/₂ Knoblauchzehe
30 g Butter
¹/₄ Liter Fischsud
1 Glas Weißwein
1 Eßlöffel Zucker
Pfeffer, Cayennepfeffer
1 Kaffeelöffel Oregano
2 Kaffeelöffel feingeschnittener
Schnittlauch
2 Eßlöffel Dill
1 Beutel Knorr
Helle Soße, Instant
Cognac

Feingehackte Zwiebel und ausgepreßte Knoblauchzehe in Butter dünsten.
Fischsud und Weißwein dazugießen, mit Zucker, Pfeffer, Cayennepfeffer,
Oregano, Schnittlauch und Dill aufkochen, Knorr Helle Soße, Instant,
unter Rühren einstreuen. Mit Cognac abschmecken.

Karpfen „Royale"

Zutaten:
¹/₈ Liter Fischsud
¹/₈ Liter Weißwein

3 Eßlöffel Meerrettich
1 Kaffeelöffel Zucker
1 Beutel Knorr Helle Soße, Instant

Fischsud und Weißwein, Meerrettich und Zucker aufkochen, Knorr Helle
Soße, Instant, unter Rühren einstreuen.

Phantasievolles mit Fisch

Scholle

4 Schollenfilets etwa 500 g in 30 g Butter braten oder grillen.

Scholle „Mode de l'Albaye"

Zutaten:

3—4 Kaffeelöffel feingehackte
Zwiebeln
30 g Butter
$^1/_4$ Liter Wasser
3—4 Eßlöffel Sahne

1 Eßlöffel Kapern
1 Eßlöffel Essig
1 Eßlöffel feingehackte Petersilie
Pfeffer
1 Kaffeelöffel Zucker
1 Beutel Knorr Helle Soße, Instant

Zwiebeln in Butter dünsten. Wasser dazugießen, mit Sahne, Kapern, Essig, Petersilie, Pfeffer und Zucker aufkochen, Knorr Helle Soße, Instant, unter Rühren einstreuen.

Scholle „Béatrice"

Zutaten:

$^1/_8$ Liter Wasser, $^1/_8$ Liter Milch
1 Kaffeelöffel Zucker
2 Kaffeelöffel Curry

1 Beutel Knorr Helle Soße, Instant
1 Banane
1—2 Eßlöffel Gin
1 Kaffeelöffel Zitronensaft

Wasser und Milch mit Zucker und Curry aufkochen, Knorr Helle Soße, Instant, unter Rühren einstreuen. In Scheiben geschnittene Banane dazugeben, erwärmen und mit Gin und Zitronensaft abschmecken.

Phantasievolles mit Fisch

Scampis

Scampis „Montréal"

Zutaten:

2 Kaffeelöffel feingehackte
Schalotten, 1 Eßlöffel Petersilie
20 g Butter, $^3/_8$ Liter Wasser
Pfeffer, Cayennepfeffer
5 Eßlöffel Sahne
1 feingeschnittene Anchovis
Saft von $^1/_2$ Zitrone
1 Kaffeelöffel Herbes de Provence

1 Kaffeelöffel scharfer Senf
1—2 Eßlöffel Weinessig
5 Kaffeelöffel Zucker
1 Beutel Knorr Feinkost-Soße
zum Braten, Instant ($^1/_2$ Liter)
3 Eßlöffel Rotwein
1 Eßlöffel Pernod
2 Kaffeelöffel Curaçao
1 Dose Scampis (etwa 200 g)

Schalotten und Petersilie in Butter dünsten. Wasser dazugießen, Pfeffer, Cayennepfeffer, Sahne, Anchovis, Zitronensaft, Herbes de Provence, Senf, Weinessig, Zucker dazugeben, aufkochen, Knorr Feinkost-Soße zum Braten, Instant, unter Rühren einstreuen und mit Rotwein, Pernod und Curaçao abschmecken. Scampis dazugeben und erwärmen.

Phantasievolles mit Fisch

Fischfrikassee

Fischfrikassee „Caroline"

Zutaten:

$^1/_4$ Liter Weißwein
Salz, Pfeffer
1 Lorbeerblatt
2 Nelken
Thymian, Salbei, Oregano
1—2 Eßlöffel gehackte Petersilie

Zucker
Saft von $^1/_2$ Zitrone
500 g Fischfilet
2 Eßlöffel Champignonköpfe
1 Beutel Knorr Helle Soße, Instant
2 Kaffeelöffel Pernod

Weißwein mit Salz, Pfeffer, Lorbeerblatt, Nelken, Thymian, Salbei, Oregano, Petersilie, Zucker, Zitronensaft aufkochen, Fischfilet in Würfel schneiden, dazugeben und etwa 10 Minuten garen. Champignonköpfe beifügen, Knorr Helle Soße, Instant, unter Rühren einstreuen und mit Pernod abschmecken.

Fischfrikassee „Empire"

Zutaten:

3 Eßlöffel gehackte Champignons
1 Eßlöffel kleingeschnittene
Anchovis
20 g Butter, Salz
Pfeffer, Cayennepfeffer

$^1/_8$ Liter Bordeaux
$^1/_8$ Liter Wasser
500 g Fischfilet
1 Kaffeelöffel Zucker
1 Beutel Knorr Tomatensoße, Instant
3—4 Eßlöffel Sahne

Champignons und Anchovis in Butter andünsten, Salz, Pfeffer, Cayennepfeffer darüberstreuen, Bordeaux und Wasser dazugießen, Fischfilet in Würfel schneiden, dazugeben und etwa 10 Minuten garen. Zucker beifügen, Knorr Tomatensoße, Instant, unter Rühren einstreuen und mit Sahne abschmecken.

Phantasievolles mit Fisch

Kabeljau

500 g Kabeljaufilet im Fischsud 10 Minuten ziehen lassen.

Kabeljau „Dumas"

Zutaten:
1/4 Liter Fischsud
1 Eigelb
Pfeffer, Zucker
2—3 Kaffeelöffel Kapern
1 Eßlöffel Zitronensaft
1 Beutel Knorr Helle Soße, Instant
Cognac

Fischsud mit Eigelb, Pfeffer, Zucker, Kapern und Zitronensaft aufkochen, Knorr Helle Soße, Instant, unter Rühren einstreuen. Mit Cognac abschmecken.

Kabeljaufilet „à la Paul"

Zutaten:
75 g geräucherter Speck
3 Eßlöffel feingeschnittene
Zwiebeln
1 Eßlöffel gehackte Petersilie
1 Eßlöffel Zucker
Salz, Pfeffer, Cayennepfeffer

1/2 Glas Weißwein
500 g Kabeljaufilet
1/8 Liter Wasser
1/8 Liter Milch
1 Beutel Knorr Tomatensoße, Instant

In kleine Würfel geschnittenen Speck auslassen, Zwiebeln dazugeben, glasig dünsten, Petersilie, Zucker, Salz, Pfeffer, Cayennepfeffer darüberstreuen und Weißwein hinzufügen. Kabeljaufilet hineingeben und etwa 10 Minuten garen. Fisch herausnehmen und warmstellen. Wasser und Milch dazugeben, aufkochen, Knorr Tomatensoße, Instant, unter Rühren einstreuen. Soße über den Fisch geben.

Phantasievolles mit Fisch

Aal

Aal „à la Belge"

Zutaten:

³/₈ Liter Wasser
Salz, Pfeffer
3 Eßlöffel Weißwein
1 Eßlöffel Weinessig

1 Eßlöffel gehackte Petersilie
2—3 Eßlöffel Dill
500 g frischer Aal
1 Beutel Knorr Helle Soße, Instant

Wasser mit Salz, Pfeffer, Weißwein, Weinessig, Petersilie und Dill aufkochen, Aal in 8 Stücke schneiden, dazugeben und etwa 30 Minuten garen. Knorr Helle Soße, Instant, unter Rühren einstreuen.

Monaco.

London.

Las Vegas.

Brüssel.

4 Weltmeister-Menus
bis zur kleinsten Zutat beschrieben.

Monaco  „Christina".

Huîtres au Naturel (Poivre, Citron)

Frische Austern (6 Stück je Person) kurz vor dem Servieren öffnen, auf gestoßenes Eis setzen und mit Zitronenspalten und frisch gemahlenem Pfeffer servieren. Evtl. noch mit ein paar Tropfen Tabasco würzen.

Langouste à la Crème „à l'Armagnac"

1 Languste (750 g), 3 Eßlöffel Öl, 1 Messerspitze Piment, Salz, Pfeffer, 6 gehackte Schalotten, 1 Bund Suppengemüse, 1 gestrichener Eßlöffel Mehl, $1/8$ Liter Bouillon, $1/8$ Liter Weißwein, 4 Eßlöffel gehackte Tomaten, Butter, $1/8$ Liter saure Sahne, Zitronensaft, 1 Prise Oregano, 1 Eßlöffel Cognac.

Gebundene Languste mit dem Kopf voraus in kochendes Wasser geben. Etwa 6 Minuten kochen. Languste auf den Rücken legen, beidseitig an der Schale entlang einschneiden, das Fleisch herausnehmen und in Medaillons schneiden. In heißem Öl Medaillons, Gewürze, Schalotten und zerkleinertes Suppengemüse andünsten, mit Mehl bestäuben, mit Bouillon und Weißwein ablöschen, Tomaten dazugeben und etwa 15 Minuten im zugedeckten Topf garen. LangustenMedaillons herausnehmen und auf einer Platte warmstellen. Butter, saure Sahne, Zitronensaft und Oregano zu dem Langustenfond geben, mit Cognac abschmecken und über die Medaillons gießen.

Chaud et Froid de Perdreau

3 Rebhühner, 1 Kalbsfuß, 50 g fetter Speck, 1 Bund Suppengemüse, $1/2$ Liter Bouillon, 1 kleines Glas weißer Portwein.

Vorbereitete Rebhühner braten und Haut vorsichtig abziehen. Rebhuhnfleisch, Kalbsfuß, Speck, zerkleinertes Suppengemüse in die Bouillon geben und 2 Stunden kochen lassen. 5 Minuten vor Beendigung der Kochzeit Portwein dazugeben. Fleischfond passieren, in ein Gefäß geben und in den Kühlschrank stellen bis es geliert.

Filet de Boeuf „de la Belle du Mexique" Sauce Piquante

4 Rinderfilets je 180–200 g, 2–3 Eßlöffel Öl, 3 Eßlöffel Pernod, 1/8 Liter süße Sahne, Saft einer Zitrone, Salz, Cayennepfeffer, 2 Eßlöffel Zucker, 1 klein-gehackte Pepperoni, 2 gehackte Tomaten, Mehl, 1 1/2 Kaffeelöffel Pernod, evtl. Weißwein.

Filets in heißem Öl von jeder Seite etwa 4 Minuten braten. Pernod darüber-gießen, flambieren, Filets herausnehmen und warmstellen. Bratensatz mit Sahne und Zitronensaft lösen, Salz, Cayennepfeffer, Zucker, Pepperoni und Tomaten dazugeben und 10 Minuten kochen. Soße mit Mehl binden und mit Pernod abschmecken, Filets hineingeben und 8–10 Minuten kochen. Evtl. die Soße mit Weißwein verdünnen.

Riz au Safran

1 Liter Bouillon, Salz, Pfeffer, Butter, 300 g Reis, Safran.

Bouillon mit Salz, Pfeffer und Butter aufkochen. Reis und in etwas Bouillon vermischten Safran dazugeben und langsam garen.

Fromages Français

Französische Käseplatte nach Belieben.

Méringue à l'Anis Chantilly

3 Eiweiß, 9 Eßlöffel Zucker, Butter, Mehl, Schlagsahne, Anis.

Eiweiß schlagen, bis es fast steif ist. 5 Eßlöffel Zucker hinzufügen. Fortwährend schlagen, bis das Eiweiß ganz fest ist, dann den Rest Zucker zugeben. Mit einem Eßlöffel auf eine mit Butter bestrichene und mit Mehl pudrierte Platte (Blech) kleine Bällchen geben. 10–15 Minuten im Backofen bei schwacher Hitze trocknen. Mit Anis abgeschmeckte Schlagsahne auf eine Hälfte geben, mit der anderen zudecken.

Mocca

Petits Fours

Kleine Törtchen

London  „Royal Palace"

Homard en Folie de Giovanni

1 Tasse Court-Bouillon, 3/4 Liter Wasser, 1/4 Liter Weißwein, 1 Hummer, 150 g Mayonnaise, Salz, Pfeffer, Cognac, 1–2 Kaffeelöffel Tomatenmark, 1 Kopfsalat.

Court-Bouillon (stark gewürzte Fischbrühe) sehr scharf mit Wasser und Weißwein 20 Minuten kochen. Gebundenen Hummer mit dem Kopf voraus in kochendes Wasser geben. 20 Minuten kochen. Erkalteten Hummer auf den Rücken legen, beidseitig an der Schale entlang einschneiden, um das Fleisch herausnehmen zu können. Fleisch in Medaillons schneiden. Kopf leer machen, Fleisch mit einer Gabel zerdrücken, mit Mayonnaise, Salz, Pfeffer, Cognac und Tomatenmark vermengen. Hummerschalen auf einen Teller geben, Kopfsalat kleinhacken, in die Schalen geben, Medaillons darauf anrichten. Mayonnaise dazu servieren.

Ris-de-veau „Belle Epoque"

1 Kalbsmilch, 1/8 Liter Essig, 1/8 Liter Weißwein, Court-Bouillon au vin blanc, 1 Bund Suppengemüse, Salz, Pfeffer, 1/8 Liter weiße Soße, 4 Eier.

Vorbereitete Kalbsmilch 2 Stunden wässern, in kochendes Essigwasser geben und 20 Minuten kochen. Herausnehmen und weitere 30 Minuten in Wasser, Weißwein, Bouillon mit zerkleinertem Gemüse und Gewürzen kochen. Kalbsmilch und Gemüse herausnehmen, mit einer Gabel zerdrücken und mit der weißen Soße vermischen. Nacheinander Eigelb daruntergeben und mit Salz und Pfeffer würzen. Eiweiß zu steifem Schnee schlagen, darunterziehen, in eine mit Butter ausgestrichene Metallform geben, im Backofen backen und heiß servieren.

Perdreau aux Baies de Genévrier flambé au Cognac

2 Rebhühner, Saft von 2 Zitronen, 1 Eßlöffel Wacholderbeeren, Salz, Pfeffer, 2 Eßlöffel Cognac, 4 Eßlöffel saure Sahne, Mehl.

Vorbereitete Rebhühner etwa 40 Minuten braten. Zitronensaft und Wacholderbeeren 10 Minuten kochen lassen. Rebhühner mit Salz und Pfeffer bestreuen, Cognac darübergießen, flambieren und auf eine vorgewärmte Platte geben. Wacholderbeersaft zu dem Rebhuhnfond gießen, saure Sahne dazugeben und mit Mehl binden. Soße über die Rebhühner gießen.

Pommes Soufflées

Kartoffelkissen (aufgelaufene Kartoffeln)

Omelette Norvégienne, flambée au Marasquin,

Einen 2 cm dicken Biskuitboden in eine ovale Form legen. Mit Likör (Kirsch, Maraschino o. a.) begießen. Eis nach Belieben darübergeben, mit Meringuemasse bedecken. Zucker darüberstreuen. Im vorgeheizten Backofen bei hoher Temperatur oder im Grill leicht und schnell bräunen. Mit verschiedenen Früchten garnieren und mit Maraschino flambieren.

Mocca,

Mignardises

Feingebäck

Las Vegas  „Tropicana"

Homard au Vin Blanc à l'Américaine

1 Hummer, Wasser, 3 Eßlöffel Öl, 1 Messerspitze Piment, Salz, Pfeffer, 4 gehackte Zwiebeln, 2 gehackte Schalotten, 1 Bund Suppengemüse, 1 gestrichener Eßlöffel Mehl, 1/8 Liter Bouillon, 1/8 Liter Weißwein, 4 Eßlöffel gehackte Tomaten, 3 Eßlöffel Cognac, 1 Eßlöffel Butter, 2 Kaffeelöffel Kerbel, 1 Kaffeelöffel Estragon.

Gebundenen Hummer mit dem Kopf voraus in kochendes Wasser geben. Etwa 6 Minuten kochen. Hummer auf den Rücken legen, beidseitig an der Schale entlang einschneiden, um das Fleisch herausnehmen zu können. Fleisch in Medaillons schneiden.

In heißem Öl Medaillons, Gewürze, Zwiebeln, Schalotten und zerkleinertes Suppengemüse andünsten, mit Mehl bestäuben, mit Bouillon und Weißwein ablöschen. Tomaten dazugeben und mit Cognac abschmecken. Etwa 15 Minuten im zugedeckten Topf garen. Medaillons herausnehmen und auf einer Platte warmstellen. Butter, Kerbel und Estragon dazugeben und Soße über die Hummer-Medaillons geben.

Couronné de Ris-de-veau „en Timbale"

2 Kalbsmilch, Essig, 50 g fetter Speck, 250 g Nudeln, Butter, 1—2 Eßlöffel Mehl, 150 g gehackte Champignons, 2 Eßlöffel Tomatenmark, 1/8 — 1/4 Liter Bouillon, 125 g geriebener Käse, Königspasteten.

Kalbsmilch waschen, 2 Stunden wässern, in kochendes Essigwasser geben und 20 Minuten kochen. Herausnehmen, abtropfen lassen. Speckstreifen darüberlegen. Nudeln kochen, abtropfen lassen und in Butter schwenken. Etwas Mehl über die Nudeln (zum Binden) stäuben und unterrühren. Kalbsmilch in Medaillons schneiden und etwa 5 Minuten in Butter dünsten. Medaillons, Champignons, Tomatenmark, Bouillon und Käse unter die Nudeln geben und 20 Minuten unter ständigem Rühren dünsten. Soße soll cremeartig werden. Evtl. mit etwas Bouillon verdünnen. In vorgewärmte Königspasteten füllen.

Filet de Boeuf „Cathérina" aux Pêches flambées au Grand Marnier

4 Rinderfilets je 180—200 g, Butter, 3 Eßlöffel Grand Marnier, 1/8 Liter süße Sahne, Saft von 2 Zitronen, 2 Kaffeelöffel Tomatenmark, Salz, Cayennepfeffer, 2 Eßlöffel Zucker, 3 Eßlöffel Pfirsichsaft, 1 Eßlöffel Grand Marnier, Mehl, 4 Pfirsichhälften.

Filets von beiden Seiten in heißer Butter anbraten. Mit Grand Marnier flambieren. Filets herausnehmen und warmstellen. Sahne und Zitronensaft mischen, Bratensatz damit lösen. Tomatenmark, Salz, Cayennepfeffer, Zucker, Pfirsichsaft und Grand Marnier dazugeben. Mit etwas Mehl binden. Filets in der Soße kochen (10 Minuten). Kurz vor Ende der Garzeit Pfirsiche dazugeben und erwärmen. Filets mit Pfirsichen auf einem vorgewärmten Teller anrichten. Soße darübergießen.

Pommes Amandines

Mandel-Kartoffeln

Bécasse rôtie sur Canapés

4—8 Schnepfen, einige Scheiben französisches Weißbrot, etwa 50 g Butter, Salz, Pfeffer, Zitronensaft, 4—8 dünne Speckscheiben, Zitronenviertel.

Vorbereitete Schnepfen mit Leber und Magen in einem Topf garen. Brotscheiben von beiden Seiten in Butter anrösten. Leber und Magen mit einer Gabel zerdrücken, mit Salz und Pfeffer würzen und auf den Brotscheiben verteilen, mit Zitronensaft beträufeln und kurz überbacken. Schnepfen mit Speckscheiben umwickeln und kurz grillen. Brotscheiben in die Fettpfanne legen und mit dem heruntertropfenden Saft durchtränken lassen. Speckscheiben entfernen. Schnepfen vierteln auf den Brotscheiben anrichten, mit Zitronensaft beträufeln, mit Zitronenvierteln garnieren und heiß servieren.

Barquettes „Quatre Saisons" aux Marons

Blätterteigschiffchen mit verschiedenem Gemüse gefüllt und mit einer Marone garniert.

Glace Vanille caramélisée au Pernod

Zucker, Butter, Pernod, Vanille-Eis, Sahne.

Zucker in Butter goldbraun rösten, bis er zu karamelisieren beginnt. Pernod darübergießen, schnell flambieren. Soße über das Vanille-Eis geben und mit steifgeschlagener Sahne garnieren.

Mocca

Mignardises

Feingebäck

Brüssel  „Le Gourmet"

Huîtres Jmpériales et Champagne

Frische Austern (6 Stück je Person) kurz vor dem Servieren öffnen, auf gestoßenes Eis setzen und mit Zitronensaft und frischgemahlenem Pfeffer servieren. Dazu Champagner reichen.

Consommé Jrincesse,

1 Liter Bouillon, 1 Eßlöffel Milchreis, 2 Tomaten, Salz, Pfeffer, Butter, 1–2 Scheiben Weißbrot.

Bouillon zum Kochen bringen, Milchreis dazugeben und etwa 20 Minuten garen.
Tomaten brühen, abziehen, halbieren, Kerne entfernen, in kleine Würfel
schneiden und beifügen. Consommé mit Salz und Pfeffer abschmecken und
etwas Butter dazugeben. Weißbrot von beiden Seiten toasten, in Würfel schneiden (ohne Rinde), in vier Suppentassen geben und Consommé darübergießen.

Turbot poché au Vin Blanc,
Sauce Estragon,

1 Heilbutt (1 kg), 75 g Butter, 150 g gehackte Champignons, 200 g gehackte
Zwiebeln, 1 Glas Weißwein, Salz, Pfeffer, 1 Eßlöffel gehackter Estragon, Paniermehl, 1/8 Liter süße Sahne, Saft von 2 Zitronen, Mehl, Weißwein.

Heilbutt säubern, Schwanz, Flossen und Rückengräte entfernen, Rücken mit
einem Messer einritzen. Fischformplatte mit Butter ausstreichen und Heilbutt
hineingeben. Champignons und Zwiebeln darübergeben, Weißwein darübergießen, mit Salz, Pfeffer und Estragon bestreuen und restliche Butter darübergeben. Alles etwa 25 Minuten garen. Paniermehl darüberstreuen und unter dem
Grill gratinieren. Fisch auf eine vorgewärmte Platte geben. Sahne mit Zitronensaft zu dem Fischsud geben, Soße mit Mehl binden, mit Weißwein abschmecken
und über den Heilbutt gießen.

Filet de Boeuf au Poivre Vert de Madagascar flambé au Whisky Crème Moutardée.

4 Rinderfilets, je 180–200 g, Butter, 3 Eßlöffel Whisky, $^1/_8$ Liter süße Sahne, Saft von 2 Zitronen, Salz, 1 Prise Pfeffer, $^1/_2$ Eßlöffel grüner Pfeffer, 1 gestrichener Eßlöffel Senf, $1^1/_2$ Eßlöffel Zucker, Mehl, 3 Eßlöffel Weißwein, 2 Eßlöffel Whisky. Filets in heißer Butter von jeder Seite 3–4 Minuten braten. Whisky darübergießen, flambieren und Filets herausnehmen. Bratensatz mit Sahne lösen, Zitronensaft, Salz, Pfeffer, grünen Pfeffer, Senf und Zucker dazugeben. Soße mit Mehl binden und mit Weißwein und Whisky abschmecken. Filets hineingeben und 5–8 Minuten kochen lassen. Filets auf eine vorgewärmte Platte geben und Soße darübergießen.

Riz á la Créole.

500 g Patna-Reis, Salz, $^3/_4$–1 Liter Wasser.

Reis waschen, mit Salz in einen flachen Topf geben, Wasser dazugießen, garen. Nach Beendigung der Garzeit bei geringer Temperatur Reis langsam trocknen lassen.

Jrish Coffee.

Mignardises

Feingebäck

Rezepte-Verzeichnis